税務調査官の視点からつかむ

相続税の実務と対策

誤りを未然に防ぐ
税務判断と申告のポイント

渡邉定義 編著
黒坂昭一　村上晴彦　堀内眞之 著

第一法規

はじめに

相続税をめぐる環境の変化に伴い、相続税調査の状況も変化してきています。例えば、国税庁の資料によりますと、平成27（2015）年以降の相続税の基礎控除額の引下げ等の税制改正により、相続税が課税される相続事案が増加しています。それに伴い、相続税調査の中心である「**実地調査**」件数や申告漏れ件数等も以前に比べ増加してきています。特に、平成30（2018）事務年度の実地調査件数に対する申告漏れ件数の割合である「**非違割合**」は85.7%と高水準にあり、最近も増加傾向にあります。

また、調査事績の内容をみてみますと、全国的にも「**重加算税の賦課割合**」が増加しており、これは税の専門家や納税者の皆様が今後相続税調査を念頭に申告を行うなど、いろいろな角度から注意していかなければならないことを示しています。

そこで本書では、長年税務調査等に携わってきた経験に基づき、相続税調査を念頭に、相続税の申告において**留意しなければならない事項**や**間違いやすい事項**、また、調査になったときなどに**調査官から指摘されやすい事項**を中心に解説し皆様の適正申告の一助となるよう整理することとしました。

前半では、相続税の仕組みについて、基本的事項を中心に解説し、申告の際に特に留意する点に触れています。ここでは、物納等納税手続の注意点についても取り上げています。

後半では、具体的な事例を取り上げながら、「**誤りを未然に防ぐ税務判断と申告のポイント**」という観点から解説しています。調査実務経験者ならではの課税実務に根差した専門的なアドバイスになっていると思っています。

本書が少しでも税務に携わる専門家の皆様をはじめとした多くの読者のお役に立てれば幸いです。

終わりに、このような機会を与えていただいた第一法規編集部の皆様には、細かなチェックなど大変お世話になりました。改めてお礼申し上げます。

2020年2月

執筆者を代表して
渡邉　定義

目次

税務調査官の視点からつかむ
相続税の実務と対策
誤りを未然に防ぐ税務判断と申告のポイント

Ⅲ 税務調査官の視点からみる調査時のポイント

Ⅳ 税務調査における指摘事例と留意事項

凡　例

1　主な法令等の略称

本書では、本文中は原則として正式名称を用い、主に（　）内において根拠法令等を示す場合には略称を用いています。解説中に引用した主な略称は、以下のとおりです。

〔法令・通達〕

憲　法…日本国憲法

相　法…相続税法

相　令…相続税法施行令

相　規…相続税法施行規則

相基通…相続税法基本通達

措置法、措法…租税特別措置法

措置法令、措令…租税特別措置法施行令

措置法規則、措規…租税特別措置法施行規則

措　通…租税特別措置法（相続税法の特例関係）の取扱いについて

評基通…財産評価基本通達

通則法…国税通則法

所　法…所得税法

所　令…所得税法施行令

所基通…所得税基本通達

〔判例集〕

民　集…最高裁判所民事判例集

2　内容現在

本書は、令和2年1月1日現在において施行・適用されている法令通達等に基づいて執筆しています。

I

相続税の考え方と基本的な仕組み

第１　相続税・贈与税の仕組みの概要

相続又は遺贈により、一定の財産を取得した者は、相続税の申告をする必要があります。まず、Ⅰでは相続税と贈与税の仕組みについて、概要を説明し、Ⅱでは、相続税の調査やその際に留意すべき事項について述べることとします。

相続等が開始しますと、種々な手続が必要となりますが、それぞれに期限が定められていますので、注意が必要です。

POINT

相続開始から一定の期間内にしなければならない事項

◎相続の放棄等は、3か月以内

◎所得税や消費税の準確定申告を行う場合は、4か月以内

※措置法第40条の申請は、所得税の申告期限と併せて行います（措令25条の17）。

◎相続税の申告や納付は、10か月以内

◎「遺産分割協議書」の作成は申告書作成までに

相続の開始（被相続人の死亡）から申告までのさまざまな手続の流れは、次の図のとおりですが、この手続を円滑に進めるためには、相続税や民法の基本的な知識が不可欠です。

そこで、まず、相続税とその補完的な役割を持っている贈与税の仕組みについて概説します。

〔相続開始後の申告手続の流れと留意事項〕

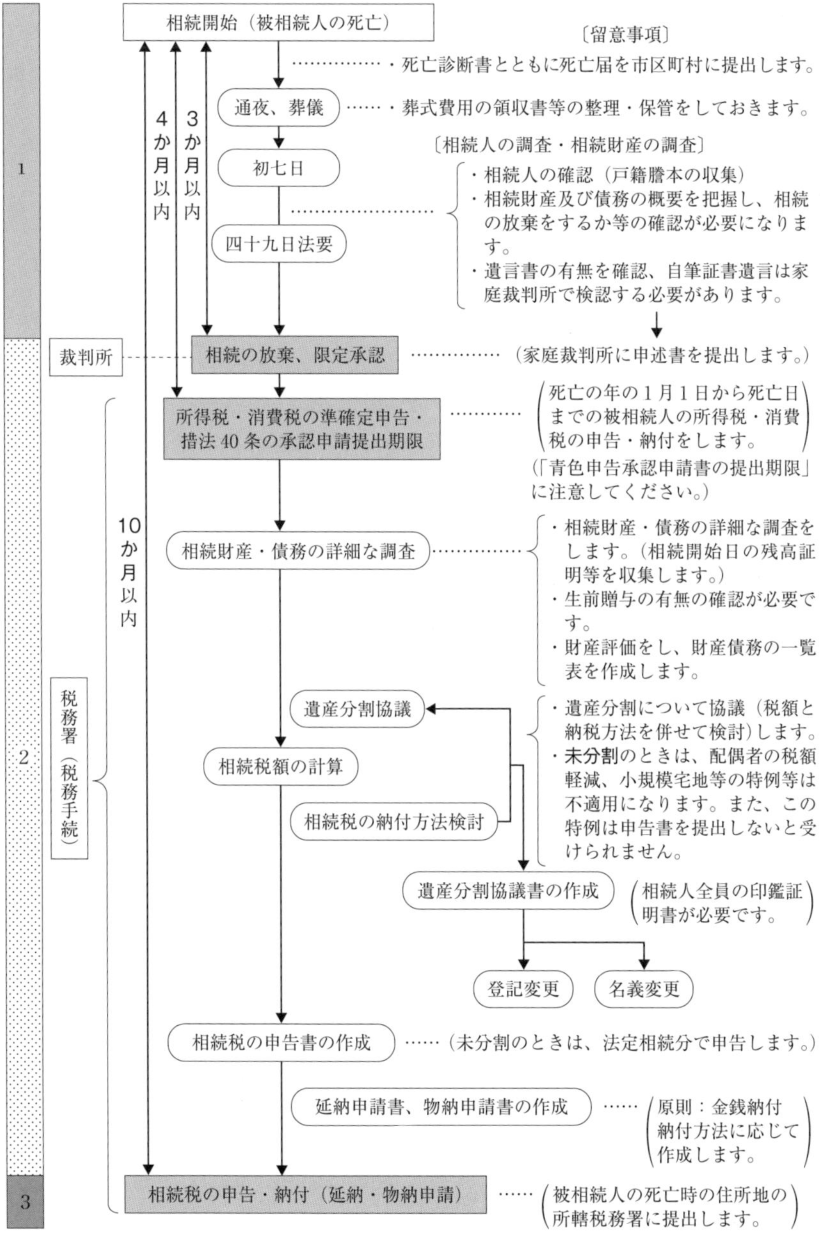

1　相続税の課税方式

相続税は、個人が被相続人の財産を①相続、②遺贈や③相続時精算課税に係る贈与によって取得した場合に、その取得した（注）財産の価額をもとに課される税金です。

（注1）　相続税の方式には、個人の死亡によりその遺された財産に課税する「遺産課税方式」と自然人である個人の死亡による財産の取得に対して課税する「遺産取得課税方式」があります。

(1)　遺産課税方式

遺産課税方式は、被相続人の遺産全体を課税対象として課税する方式であり、明治38年から昭和24年までの我が国の相続税において採用されています。

(2)　遺産取得課税方式

遺産取得課税方式は相続人その他の者が相続又は遺贈により取得した財産を課税対象として課税する方式であり、昭和25年以降の我が国の相続税で採用されています。

（注2）　相続税について遺産分割課税方式が採用されるときは、贈与税は「贈与者課税方式」が採られます。我が国においては、昭和22年から昭和24年までの贈与税が贈与者課税方式でした。

一方、相続税について遺産取得課税方式が採られるときは、「受贈者課税方式」が採られます。我が国においては、昭和25年から昭和27年までは一生累計課税方式が採られ、昭和28年以後現在まで贈与税は「受贈者課税方式」によっています。

2　相続、遺贈や相続時精算課税に係る贈与

(1) 相続

相続は、原則として、死亡によって開始します。そして、相続人は、相続開始の時から、被相続人の財産に関する一切の権利義務を承継すること

になります（扶養を請求する権利など被相続人の一身に専属していたものは、承継されません。)。

(2) 遺贈

遺贈とは、被相続人の遺言によってその財産を移転することをいいます。

(注) 贈与をした人が亡くなることによって効力を生じる贈与（死因贈与）については、相続税法上、「遺贈」として取り扱われます。

(3) 相続時精算課税に係る贈与

相続時精算課税は、贈与時に贈与財産に対する贈与税を納付し、贈与者が亡くなったときにその贈与財産の価額と相続や遺贈によって取得した財産の価額とを合計した金額をもとに計算した相続税額から、既に納付した贈与税に相当する金額を控除した額をもって納付すべき相続税額とする制度です。その贈与者（特定贈与者）から受ける贈与を「**相続時精算課税に係る贈与**」(注) といいます。

贈与により財産を取得した人が、この制度の適用を受けるためには、一定の要件の下、原則として贈与税の申告期限までに贈与税の申告書とともに「**相続時精算課税選択届出書**」を税務署に提出する必要があります。この届出書を提出した人を「**相続時精算課税適用者**」といいます。

なお、相続時精算課税適用者が特定贈与者からの贈与により取得した財産については、特定贈与者ごとにその年中において贈与により取得した財産の価格を合計し、それぞれの合計額をもって、贈与税の課税価格とします（相法 21 条の 10)。

(注) 贈与は、「無償」で財産を相手方に与えることです。贈与契約は、一般に諾成、無償、片務契約といわれています。

　贈与税の計算の基礎となる課税価格（財産の価額）は、原則としてその年の１月１日から 12 月 31 日までの間に贈与によって取得した財産の価額の合計額によって計算します。ただし、代表者又は管理者の定めのある人格のない社団又は財団がその年中に２以上の者から贈与を受けた場合には、贈与者の異なるごとに、贈与者の各１人のみから財産を取得したものとみなして、それぞれ別々に課税価格を計算します。

〔参考〕暦年課税の計算式

$$\underbrace{(\text{課税価格}-110\text{万円})}_{A}\times\text{税率}-\text{控除額}=\text{贈与税額}$$

「一般贈与」の贈与税の速算表

基礎控除後の金額 A	税率	控除額
200 万円以下	10%	0
200 万円超 ～ 300 万円以下	15%	10 万円
300 万円超 ～ 400 万円以下	20%	25 万円
400 万円超 ～ 600 万円以下	30%	65 万円
600 万円超 ～ 1,000 万円以下	40%	125 万円
1,000 万円超 ～ 1,500 万円以下	45%	175 万円
1,500 万円超 ～ 3,000 万円以下	50%	250 万円
3,000 万円超	55%	400 万円

「特例贈与」の贈与税の速算表

基礎控除後の金額 A	税率	控除額
200 万円以下	10%	0
200 万円超 ～ 400 万円以下	15%	10 万円
400 万円超 ～ 600 万円以下	20%	30 万円
600 万円超 ～ 1,000 万円以下	30%	90 万円
1,000 万円超 ～ 1,500 万円以下	40%	190 万円
1,500 万円超 ～ 3,000 万円以下	45%	265 万円
3,000 万円超 ～ 4,500 万円以下	50%	415 万円
4,500 万円超	55%	640 万円

(注) 「特例贈与」とは、20 歳以上の人が父・母・祖父・祖母等の直系尊属から受けた贈与をいいます。なお、令和 4 年 4 月 1 日からは、18 歳以上となります。

3　相続人の範囲と順位

POINT

◎申告書作成等の依頼を受けたら、まず、「相続人」の範囲を確定することが重要です。

⇒民法上の相続人と相続分及び相続順位について知っておく必要があります。

民法では、相続人の**範囲**と**順位**について次のとおり定めています。ただし、相続を放棄した人や相続権を失った人は初めから相続人でなかったものとされます（民法 900 条）。

① 被相続人の**配偶者**は、常に相続人となります。

（注） 配偶者とは、婚姻の届出をした夫又は妻をいい、内縁関係にある人は含まれません。

② 次の人は、次の順序で配偶者とともに相続人となります。

（イ） 被相続人の**子**（子が被相続人の相続開始以前に死亡しているときや相続権を失っているときは、孫（直系卑属）が相続人となります。）

（ロ） 被相続人に子や孫（直系卑属）がいないときは、被相続人の**父母**（父母が被相続人の相続開始以前に死亡しているときや相続権を失っているときは、祖父母（直系尊属）が相続人となります。）

（ハ） 被相続人に子や孫（直系卑属）も父母や祖父母（直系尊属）もいないときは、被相続人の**兄弟姉妹**（兄弟姉妹が被相続人の相続開始以前に死亡しているときや相続権を失っているときは、甥、姪（兄弟姉妹の子）が相続人となります。）

相続人と法定相続分及び遺留分

相続順位	相続人と法定相続分			遺留分	
第1順位	配偶者	$\frac{1}{2}$	・配偶者がいなければ子が全財産を取得	配偶者	$\frac{1}{4}$
	子	$\frac{1}{2}$	・子が複数いるときの各人の相続分は均等あん分した割合	子	$\frac{1}{4}$
第2順位	配偶者	$\frac{2}{3}$	・配偶者がいなければ直系尊属が全財産を取得	配偶者	$\frac{1}{3}$
	直系尊属	$\frac{1}{3}$	・直系尊属が複数いるときの各人の相続分は均等あん分した割合	直系尊属	$\frac{1}{6}$
第3順位	配偶者	$\frac{3}{4}$	・配偶者がいなければ兄弟姉妹が全財産を取得	配偶者	$\frac{1}{2}$
	兄弟姉妹	$\frac{1}{4}$	・兄弟姉妹が複数いるときの各人の相続分は均等あん分した割合	(兄弟姉妹　なし)	

※遺留分は、原則、法定相続分（民法900条）の$\frac{1}{2}$ですが、兄弟姉妹にはありません。

〔法定相続人の順位と範囲イメージ図〕

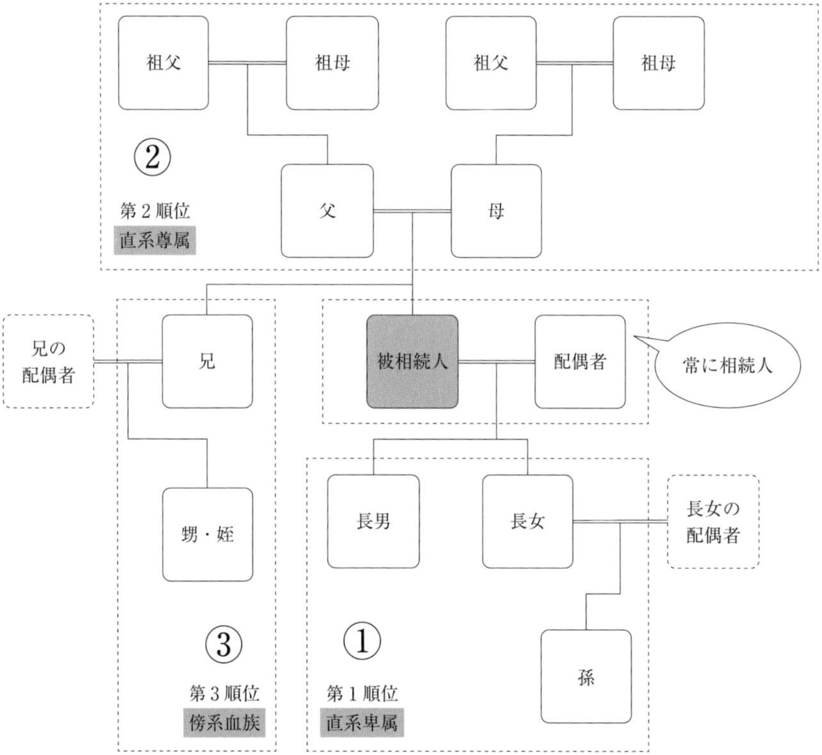

第２　相続税の申告の仕組み

１　相続税の申告をする必要がある人（申告義務者）

POINT

◎相談等を受けたら、まず、相続税の申告をする必要があるか否かについて判断する必要があります。

⇒最初に、戸籍等により相続人を把握し、次に基礎控除の計算をしますが、法定相続人の数の認定がポイントです。

⇒仮に、計算した結果、基礎控除以下となり、一見申告書の提出が必要ないと思われる場合も、申告が要件となっている特例がありますので、注意してください。

⇒申告が要件となっている特例

・配偶者の税額軽減の特例（相法 19 条の 2）

・小規模宅地等の特例（措法 69 条の 4）

・遺産の寄附（措法 70 条）

(1) 基礎控除の計算と申告の要否

被相続人から相続、遺贈や相続時精算課税に係る贈与によって財産を取得した各人の課税価格の合計額が、遺産に係る基礎控除額を超える場合、その財産を取得した人は、相続税の申告をする必要があります。

したがって、課税価格の合計額が、遺産に係る基礎控除額以下である場合には、相続税の申告をする必要はありません（小規模宅地等の特例など申告が要件となっている特例を適用することにより課税価格の合計額が遺産に係る基礎控除額以下となる場合には、相続税の申告をする必要がありますので、ご注意ください。）。

「**遺産に係る基礎控除額**」は、3,000 万円＋(600 万円×**法定相続人の数**)

の算式で計算します。

(2) 相続税法上の法定相続人の数

民法では、相続を放棄した者は、相続人とはなりません。他方、養子は全て相続人となります。これに対して相続税法上の**法定相続人**を数える場合は、相続の放棄をした人があっても、その放棄がないとした場合の相続人の数をいいます。他方、被相続人に養子がある場合には、「法定相続人の数」に含める養子の数については、次のそれぞれに掲げる人数までとなります。

イ　被相続人に実子がある場合　１人

ロ　被相続人に実子がない場合　２人

〔例〕

・相続人が実子１人、養子２人の場合には、相続人の数は３人ですが、「法定相続人の数」は２人となります。

・相続人が養子３人のみの場合には、相続人の数は３人ですが、「法定相続人の数」は２人となります。

(注)　特別養子縁組により養子となった人、被相続人の配偶者の実子で被相続人の養子となった人、被相続人の実子若しくは養子又はその直系卑属が相続開始前に死亡し、又は相続権を失ったためその人に代わって相続人となったその人の直系卑属（孫やひ孫）は、**実子**とみなされますのでご注意ください。

(3) 相続税の申告書の提出の要否の検討

法定相続人の数が決まりますと、事例に基づいて概算で申告書の提出の要否を検討します。

〔設例〕　父が亡くなり、父の財産を相続することになりました。相続税がかかる財産の価額の合計額が7,000万円、父の債務・葬式費用の合計額が1,000万円である場合、相続税の申告は必要でしょうか。相続人は母と姉と私の３人です。財産債務は全て母が承継し、葬式費用も母が負担しました。
⇒課税価格の合計額（6,000万円）が遺産に係る基礎控除額（4,800万円）を超えていますので、財産を取得する人（母）は相続税の申告が必要です。
【課税価格の合計額】の計算　7,000万円－1,000万円＝6,000万円
【遺産に係る基礎控除額】の計算　3,000万円＋(600万円×3人)
＝4,800万円

相続税の申告書は、相続の開始があったことを知った日（通常の場合は、被相続人の死亡の日）の翌日から10か月以内に被相続人の住所地を所轄する税務署長に提出してください。

2　相続税の申告書の提出期限と提出先

POINT

◎申告の相談を受けたら、まず、申告期限等を確認しておくことが重要です。
⇒相続税の申告書の提出期限
⇒「準確定申告」や「青色申告承認申請書」の提出期限にも注意してください。
⇒さらに、「贈与税の申告書」も提出する必要がある場合がありますので、贈与がなかったかよく聞き取りを行う必要があります。
⇒その他、「相続放棄」や「限定承認」は、裁判所への手続が必要ですが、期限が短いので、当初の申告相談の際に、税理士としても確認しておく必要があります。

(1) 相続税の申告書の提出期限

相続税の申告書の提出期限（申告期限）は、相続の開始があったことを

知った日（通常の場合は、被相続人の死亡の日）の翌日から10か月目の日です。申告期限の日が日曜日・祝日などの休日又は土曜日に当たるときは、これらの日の翌日（土曜日の場合は、翌々日）が相続税の申告期限となります。

（具体例）

	相続開始の日（知った日）	（その翌日）	申告期限（10か月目）
10か月目の日が休日又は土曜日に当たらない場合	平成31年1月19日（土）	1月20日（日）	令和元年11月19日（火）
10か月目の日が日曜日・祝日の場合	平成31年1月24日（木）	1月25日（金）	令和元年11月24日（日）⇒　25日（月）となる

（注）　申告書の提出期限に遅れて申告と納税をした場合には、原則として加算税及び延滞税がかかりますのでご注意ください。

(2) 相続税の申告書の提出先

相続税の申告書は、被相続人の死亡の時における住所地を所轄する税務署長に提出します（相続人の住所地を所轄する税務署長ではありませんのでご注意ください。）。

(3) 相続税の申告書の提出方法

相続税の申告書は、同じ被相続人から相続、遺贈や相続時精算課税に係る贈与によって財産を取得した人が共同で作成して提出することができます。

しかし、申告書を共同で作成して提出することができない場合には、別々に申告書を提出しても差し支えありません。

3　相続に付随する税務上の手続

(1) 被相続人の所得税及び復興特別所得税・消費税の申告の期限

被相続人の所得税及び復興特別所得税・消費税の申告については、被相続人の相続の開始があったことを知った日（通常：被相続人の死亡の日）の翌日から4か月以内にその相続人が、被相続人の死亡の時における納税地を所轄する税務署長に提出します。

なお、これにより納めることとなった所得税及び復興特別所得税・消費税の額は、相続税がかかる財産の価額から差し引くことができます。

(2) 相続後の所得税の届出書提出期限

区　分	届出書名	提出期限
被相続人	個人事業の開廃業等届出書	相続開始日から１か月以内
	給与支払事務所等の開設・移転・廃止の届出書	
相続人	個人事業の開廃業等届出書	相続開始日から１か月以内
	給与支払事務所等の開設・移転・廃止の届出書	
	所得税の青色申告承認申請書	(注)
	青色専従者給与に関する届出書	相続開始日や専従者がいることとなった日から２か月以内
	源泉所得税の納期の特例の承認に関する申請書	特例適用前月まで
	所得税の棚卸資産の評価方法　減価償却資産の償却方法の届出書	確定申告期限まで

(注) 「青色申告承認申請書」等の提出期限は、下記のとおりです。

<table>
<tr><th colspan="4">区　分</th><th>提出期限</th></tr>
<tr><td rowspan="5">相続による事業承継</td><td rowspan="3">被相続人が青色申告者</td><td rowspan="5">被相続人が亡くなったことを知った日</td><td>１月１日
～８月31日</td><td>死亡の日から
４か月以内</td></tr>
<tr><td>９月１日
～10月31日</td><td>死亡した年の
12月31日</td></tr>
<tr><td>11月１日
～12月31日</td><td>翌年２月15日</td></tr>
<tr><td rowspan="2">被相続人が白色申告者</td><td>１月１日
～１月15日</td><td>死亡した年の
３月15日</td></tr>
<tr><td>１月16日
～12月31日</td><td>死亡の日から
２か月以内</td></tr>
</table>

(→【事例22】を参照。)

(3) 受贈者が死亡した場合の贈与税の申告書

贈与により財産を取得した者（受贈者）が、申告書の提出期限前に申告書を提出しないで死亡した場合には、下記のようにその者の相続人が贈与税の申告書を提出することになります（相法28条2項）。

贈与税の申告をしなければならない場合	提出義務者	提出期限
①年の中途において死亡した者が、その年の1月1日から死亡の日までに贈与により財産を取得した場合（相法28条2項1号）	本来の贈与税の申告義務者の相続人（包括受遺者を含みます。）（相法28条2項、27条2項）	その相続開始があったことを知った日の翌日から10か月以内（相法28条2項、27条2項）
②相続時精算課税適用者が年の中途において死亡した場合に、その年の1月1日から死亡の日までに相続税法第21条の9第3項（相続時精算課税）の規定の適用を受ける財産を贈与により取得した場合（相法28条2項2号）		
③贈与税の申告書を提出すべき者が申告書の提出期限前に、その申告書を提出しないで死亡した場合（相法28条2項3号）		

※　受贈者が「相続時精算課税選択届出書」の提出前に死亡した場合

贈与により財産を取得した者（死亡受贈者）が相続時精算課税の適用を受けることができる場合において、その死亡受贈者が贈与税の申告期限前に「相続時精算課税選択届出書」を提出しないで死亡したときは、その死亡受贈者の相続人は、その相続の開始があったことを知った日の翌日から10か月以内に「相続時精算課税選択届出書」をその死亡受贈者の贈与税の納税地の所轄税務署長に共同して提出することができます（相法21条の18第1項）。

4　相続税がかかる財産の範囲（課税対象財産）

POINT

◎申告書の提出の要否を判断する場合、「相続財産」を確定する必要があります。

⇒相続税の課税対象財産には、「本来の相続財産」と「みなし相続財産」といわれるものがあります。

⇒「相続時精算課税適用財産」も相続税の課税対象（課税価格）になりますので注意が必要です。

⇒①住宅取得等資金の贈与、②教育資金の贈与、③結婚・子育て資金の贈与等については、課税財産（課税価格）に加算する必要があるか否か注意する必要があります。

⇒「控除できる債務及び葬式費用」については、間違いやすい項目の１つですので、よく取扱いに熟知しておく必要があります。

「相続税がかかる財産」は、原則として、相続や遺贈によって取得した財産（本来の相続財産）です。

このほか、①相続や遺贈によって取得したものとみなされる財産（③の財産を除きます。)、②相続開始前３年以内に被相続人から暦年課税に係る贈与によって取得した財産、③生前の被相続人から相続時精算課税に係る贈与によって取得した財産（以下「相続時精算課税適用財産」といいます。）についても、相続税がかかる財産に含まれます。

（注）**暦年課税**とは、贈与税の課税方式の１つであり、相続時精算課税とは異なり、贈与時に、贈与財産に対する贈与税を納付することにより課税関係を完結させる制度（上記②の相続開始前３年以内の贈与財産以外は相続時の精算が不要）です。贈与税について相続時精算課税の適用を受けない場合には、暦年課税が適用されます。

(1) 相続税がかかる財産（相続税の課税対象となる財産）

①　相続や遺贈によって取得した財産（本来の相続財産）

相続税の課税対象となる財産は、被相続人が相続開始の時において有していた土地、家屋、立木、事業（農業）用財産、有価証券、家庭用財産、貴金属、宝石、書画・骨とう、電話加入権、預貯金、現金などの金銭に見積もることができる全ての財産をいいます。そのため、日本国内に所在するこれらの財産はもちろん、日本国外に所在するこれらの財産も相続税の課税の対象となります（後述21頁の「相続税がかかる財産」参照）。

なお、外国で日本国外に所在する財産に対して相続税に相当する税金が課されている場合には、**外国税額控除**が適用できる場合があります。

（注）　相続開始の時に日本国内に住所がない一定の人又は短期滞在の外国人で一定の人については、相続税の課税対象となる財産の範囲や相続財産から控除できる債務の範囲などが異なる場合があります（後述30頁の〔参考〕相続税の納税義務者及び納税義務の範囲等参照）。

また、**家族名義の財産**の申告の検討も必要です。つまり、被相続人が取得等のための資金を拠出していたことなどから被相続人の財産と認められるものは、名義にかかわらず相続税の課税対象となります（【事例16】、【事例20】参照）。したがって、被相続人が購入（新築）した不動産でまだ登記をしていないものや、被相続人の預貯金、株式、公社債、貸付信託や証券投資信託の受益証券等で家族名義や無記名のものなども、相続税の申告に含める必要があります。

（→Ⅲ「第２　調査時の留意点」（107頁以降）を参照。）

②　相続や遺贈によって取得したものとみなされる財産（みなし相続財産）

みなし相続財産の例

死亡保険金等	死亡に伴い支払われる生命保険金、損害保険金、農業協同組合などの生命共済金や傷害共済金（以下「保険金」といいます。）のうち、被相続人が負担した保険料や共済掛金に対応する部分の金額（保険金を年金その他の定期金で支払を受ける場合を含みます。） ※1　相続人が受け取った保険金については一定額が非課税となります。 ※2　保険金には、保険業法による保険業の免許を受けていない外国の保険業者から支払われるものが含まれます。
死亡退職金等	死亡に伴い支払われる退職金、功労金、退職給付金など（以下「退職手当金等」といいます。退職金などを年金その他の定期金で支払を受ける場合を含みます。） ※　相続人が受け取った退職手当金等については一定額が非課税となります。
生命保険契約に関する権利	被相続人が保険料を負担し、被相続人以外の人が契約者となっている生命保険契約で、相続開始の時において、まだ保険金の支払事由が発生していないもの

（注）　上記のほか、①被相続人が掛金や保険料を負担していた定期金に関する権利や保証期間付定期金に関する権利、②被相続人の遺言によって債務の免除を受けたことによる経済的利益、③贈与税の納税猶予の適用を受けていた農地等や非上場株式等、④直系尊属から結婚・子育て資金の一括贈与を受けた場合の贈与税の非課税の適用を受けた被相続人からの贈与について、その贈与をした日から結婚・子育て資金管理契約の終了の日までの間に、贈与者が死亡した場合における、その資金管理契約についての**管理残額**なども相続や遺贈によって取得したものとみなされます。

③　相続開始前３年以内に被相続人から暦年課税に係る贈与によって取得した財産（３年以内の贈与取得財産）（相法 19 条）

被相続人から相続、遺贈や相続時精算課税に係る贈与によって財産を取得した人が、相続開始前３年以内にその被相続人から暦年課税に係る贈与によって取得した財産（以下「相続開始前３年以内の贈与財産」といいます。）の価額（相続開始の時の価額ではなく、贈与の時の価額）は、相続税の課税価格に加算され、相続税がかかります。

ただし、被相続人から暦年課税に係る贈与によって取得した財産であっても**特定贈与財産**に該当する部分の価額は、相続税の課税価格に加算されません。

〔特定贈与財産〕

この特定贈与財産とは、被相続人の配偶者（贈与の時において被相続人との婚姻期間が20年以上である配偶者に限ります。）が、贈与によって取得した居住用不動産又は金銭で、次に掲げる区分に応じ、それぞれに掲げる部分をいいます。

イ　その贈与が相続開始の年の前年、前々年又は前々々年にされた場合で、その贈与につき贈与税の配偶者控除の適用を受けているとき

その財産のうち適用を受けた贈与税の配偶者控除額に相当する部分

ロ　その贈与が相続開始の年にされた場合で、その配偶者が被相続人からの贈与について既に贈与税の配偶者控除の適用を受けている人でないとき

その財産について贈与税の配偶者控除の適用があるものとした場合にその**控除額**（2,000万円が限度）に相当する部分としてその人が選択した部分

（注１）　被相続人から相続や遺贈により、措置法第70条の２の３（直系尊属から結婚・子育て資金の一括贈与を受けた場合の贈与税の非課税）第10項第２号に規定する**管理残額**以外の財産を取得しなかった人（相続時精算課税に係る贈与によって財産を取得している人を除きます。）については、相続開始前３年以内に被相続人から暦年課税に係る贈与によって取得した財産であっても、その財産

の価額は相続税の課税価格に加算されません。

（注2）**特定贈与財産**（上記ロ）については、別途、贈与税の申告が必要となりますので、ご注意ください（受贈者である配偶者が先に亡くなった場合について【事例38】参照）。

④　相続時精算課税適用財産（相法21条の15、21条の16）

相続時精算課税適用者が被相続人から取得した相続時精算課税適用財産の価額（相続開始の時の価額ではなく、贈与の時の価額）は、相続税の課税価格に加算され、相続税がかかります。

なお、相続時精算課税適用者が、相続や遺贈によって財産を取得しなかった場合であっても、被相続人から取得した相続時精算課税適用財産は、相続又は遺贈により取得したものとみなされ、相続税がかかります。

相続税がかかる財産（申告書第15表）

<table>
<tr><th>種　類</th><th colspan="2">種　目</th><th>申告書第
15表番号</th><th>利用区分・銘柄等</th></tr>
<tr><td rowspan="6">土　地
（土地の上に存する権利を含みます。）</td><td colspan="2">田</td><td>①</td><td rowspan="2">自用地、貸付地、賃借権（耕作権）、永小作権</td></tr>
<tr><td colspan="2">畑</td><td>②</td></tr>
<tr><td colspan="2">宅　地</td><td>③</td><td>自用地、借地権（事業用、居住用等の利用状況）、貸宅地、貸家建付地、貸家建付借地権など</td></tr>
<tr><td colspan="2">山　林</td><td>④</td><td>普通山林、保安林の別（地上権又は賃借権である場合その旨）</td></tr>
<tr><td colspan="2">その他の土地</td><td>⑤</td><td>原野、牧場、池沼、鉱泉地、雑種地の別（地上権、賃借権、温泉権又は引湯権である場合その旨）</td></tr>
<tr></tr>
<tr><td>家　屋</td><td colspan="2">家屋（構造・用途）、構築物</td><td>⑨</td><td>自用家屋、貸家の別
構築物（駐車場、養魚池、広告塔など）</td></tr>
<tr><td rowspan="4">事業（農業）用財産</td><td colspan="2">機械、器具、農耕具、その他の減価償却資産</td><td>⑩</td><td>機械・器具・農機具・自動車・船舶（名称、年式）、牛馬（用途、年齢）、果樹（樹種、樹齢）、営業権（事業の種目、商号）</td></tr>
<tr><td colspan="2">商品、製品等</td><td>⑪</td><td>商品、製品、半製品、原材料、農産物等</td></tr>
<tr><td colspan="2">売　掛　金</td><td>⑫</td><td>売掛金</td></tr>
<tr><td colspan="2">その他の財産</td><td>⑬</td><td>電話加入権、受取手形</td></tr>
<tr><td rowspan="5">有価証券</td><td rowspan="2">特定同族会社株式、出資</td><td>配当還元方式</td><td>⑮</td><td rowspan="2">その会社名</td></tr>
<tr><td>その他の方式</td><td>⑯</td></tr>
<tr><td colspan="2">⑮、⑯以外の株式、出資</td><td>⑰</td><td>その銘柄、会社名、出資証券の名称</td></tr>
<tr><td colspan="2">公債、社債</td><td>⑱</td><td>公社債名称、回号などの別</td></tr>
<tr><td colspan="2">証券投資信託、貸付信託の受益証券</td><td>⑲</td><td>受益証券の名称、回号などの別</td></tr>
<tr><td colspan="3">現金、預貯金等</td><td>㉑</td><td>金銭、小切手、普通預金、当座預金、定期預金、通常郵便貯金、定額郵便貯金、定期積金、金銭信託などの別</td></tr>
<tr><td colspan="3">家庭用財産</td><td>㉒</td><td>家具、什器、貴金属、宝石などの家庭用財産名称</td></tr>
<tr><td rowspan="4">その他の財産</td><td colspan="2">生命保険金等</td><td>㉓</td><td></td></tr>
<tr><td colspan="2">退職手当金等</td><td>㉔</td><td></td></tr>
<tr><td colspan="2">立　木</td><td>㉕</td><td>杉、ひのき</td></tr>
<tr><td colspan="2">そ　の　他</td><td>㉖</td><td>事業に関係のない車両、電話加入権、ゴルフ会員権、特許権、著作権、貸付金、未収配当金、未収家賃、書画、骨董、競走馬、スポーツ用品、ヨット、ボート、所得税等の還付金、土地等・有価証券等の売買契約後代金決済が未了の場合には売買代金請求権、その他のみなし相続財産（契約に関する権利、利益の享受等）</td></tr>
<tr><td>代償財産</td><td colspan="2">代償財産に該当する上記の種目</td><td>㉖</td><td>代償財産に該当する上記①～㉖の利用区分・銘柄等
（本来の「その他の財産」と区分して２段書きにします。）</td></tr>
</table>

（国税庁「相続税の申告のしかた」等を参考に作成）

(2) 住宅取得等資金の贈与税の非課税の適用を受けた金銭贈与

被相続人から相続、遺贈や相続時精算課税に係る贈与によって財産を取得した人が、平成21年1月1日から令和3年12月31日までの間に被相続人から贈与により住宅取得等資金を取得し、その贈与により取得した住宅取得等資金のうち直系尊属から住宅取得等資金の贈与を受けた場合の贈与税の非課税（措法70条の2）の適用を受け、贈与税の課税価格に算入しなかった金額については、相続税の課税価格には加算されません。

なお、住宅取得等資金の贈与が相続開始の年にされた場合で、その贈与により取得した住宅取得等資金のうち直系尊属から住宅取得等資金の贈与を受けた場合の贈与税の非課税の適用を受け、贈与税の課税価格に算入しないこととする金額がある場合には、別途、贈与税の期限内申告が必要となります。

〔参考〕 平成27年1月1日から令和3年12月31日までの間に、20歳以上の人が、その父・母・祖父・祖母などの直系尊属から受けるマイホームの購入資金・増改築資金の贈与について、一定の条件を満たす場合には110万円の基礎控除とは別にそのマイホームに係る契約の締結時期に応じて、非課税の適用を受けることができ、その限度額は次のとおりです。

住宅取得資金の非課税限度額

契約締結時期	一般住宅		省エネ等住宅	
	消費税率10％で契約	左記以外	消費税率10％で契約	左記以外
平成27（2015）年12月まで		1,000万円		1,500万円
平成28（2016）年1月～平成31（2019）年3月		700万円		1,200万円

平成31（2019）年4月～令和2（2020）年3月	**2,500万円**	700万円	**3,000万円**	1,200万円
令和2（2020）年4月～令和3（2021）年3月	1,000万円	500万円	1,500万円	1,000万円
令和3（2021）年4月～令和3（2021）年12月	700万円	300万円	1,200万円	800万円

(3) 教育資金の一括贈与に係る贈与税の非課税の適用を受けた金銭等贈与

被相続人から相続、遺贈や相続時精算課税に係る贈与によって財産を取得した人が、平成25年4月1日から令和3年3月31日までの間に被相続人からの贈与等により教育資金管理契約に係る信託受益権又は金銭等を取得し、その贈与等により取得した信託受益権又は金銭等のうち直系尊属から教育資金の一括贈与を受けた場合の贈与税の非課税（措法70条の2の2）の適用を受け、贈与税の課税価格に算入しなかった金額については、相続税の課税価格には加算されません。

なお、教育資金管理契約が終了した後に贈与者が死亡した場合において、措置法第70条の2の2第13項の規定により、その終了した日の属する年の贈与税の課税価格に算入される金額があるときは、その金額については、その贈与者の死亡に係る相続税の課税価格に加算されます。

制度に係るさまざまな要件、管理契約中の贈与者死亡時の扱いについては、【事例43】の「実務のアドバイス」の表をご覧ください。

(4) 結婚・子育て資金の一括贈与に係る贈与税の非課税の適用を受けた金銭等贈与

被相続人から相続、遺贈や相続時精算課税に係る贈与によって財産を取得した人が、平成27年4月1日から令和3年3月31日までの間に被相続人からの贈与等により結婚・子育て資金管理契約に係る信託受益権又は金銭等を取得し、その贈与等により取得した信託受益権又は金銭等のうち直系尊属から結婚・子育て資金の一括贈与を受けた場合の贈与税の非課税（措法70条の2の3）の適用を受け、贈与税の課税価格に算入しなかった金額については、相続税の課税価格には加算されません。

なお、結婚・子育て資金管理契約が終了した後に贈与者が死亡した場合において、措置法第70条の2の3第12項の規定により、その終了した日の属する年の贈与税の課税価格に算入される金額があるときは、その金額については、その贈与者の死亡に係る相続税の課税価格に加算されます。

ただし、被相続人がその信託受益権又は金銭等の贈与等をした日から結婚・子育て資金管理契約の終了の日までの間に死亡した場合には、その死亡の日における結婚・子育て資金管理契約に係る非課税拠出額から結婚・子育て資金支出額を控除した残額（管理残額）を、被相続人から相続又は遺贈により取得したものとみなされ、相続税がかかります。

なお、相続税の対象となる場合でも、その残額は「相続税の2割加算」の対象になりません。

制度に係るさまざまな要件、贈与者死亡時の扱いについては、【事例43】及びそれに続く「実務のアドバイス」の表をご覧ください。

(5) 相続税がかからない財産（非課税財産）

相続や遺贈によって取得した財産であっても、次のものには相続税はかかりません。

非課税財産の例

墓地等	墓地、墓碑、仏壇、仏具など
死亡保険金等の一部	相続人が受け取った保険金のうち、次の算式によって計算した金額までの部分（非課税限度額） $(500万円 \times \textbf{法定相続人の数}) \times \dfrac{\text{その相続人の受け取った保険金の合計額}}{\text{相続人全員の受け取った保険金の合計額}}$
死亡退職金等の一部	相続人が支給を受けた退職手当金等のうち、次の算式によって計算した金額までの部分（非課税限度額） $(500万円 \times \textbf{法定相続人の数}) \times \dfrac{\text{その相続人が支給を受けた退職手当金等の合計額}}{\text{相続人全員が支給を受けた退職手当金等の合計額}}$

（注）　上記のほか、次の財産についても相続税はかかりません。

イ　心身障害者共済制度に基づく給付金の受給権

ロ　宗教、慈善、学術その他公益を目的とする事業を行う一定の人が取得した財産で、その公益を目的とする事業の用に供することが確実なもの（相法12条１項３号）

ハ　相続税の申告期限までに、国、地方公共団体、特定の公益法人、認定非営利活動法人に寄附した一定の財産（相続税の申告書に一定の書類を添付しなければなりません。）（措法70条）

ニ　相続税の申告期限までに、特定公益信託の信託財産とするために支出した一定の金銭（相続税の申告書に一定の書類を添付しなければなりません。）

(6) 相続財産から控除できる債務、葬式費用

①　控除できる債務

被相続人の債務は、相続財産（相続時精算課税適用財産を含みます。）の価額から差し引かれます。差し引くことができる債務には、借入金や未払金などのほか、被相続人が納めなければならなかった国税、地方税などで、まだ納めていなかったものも含まれます。

なお、相続を放棄した者及び相続権を失った者は、仮に遺贈で財産を取得したとしても債務控除できません。

②　控除できる葬式費用

被相続人の葬式に際して相続人が負担した費用は、相続財産の価額から差し引かれます。葬式費用とは、①お寺などへの支払、②葬儀社、タクシー会社などへの支払、③お通夜に要した費用などです。

なお、墓地や墓碑などの購入費用、香典返しの費用や法要に要した費用などは、葬式費用に含まれません。

債務控除の具体例

控除できるもの（○）	控除できないもの（×）
・借入金 ・未払医療費 ・未払の公租公課（被相続人に係るもの） ・被相続人の死亡後に生ずる公租公課（準確定申告にかかる所得税・消費税、相続開始年度分の固定資産税、住民税） ・預り敷金等（返還しなければならないもの）	・団体信用生命保険付ローンで相続人が返済不要のもの ・墓地、仏壇等の購入未払金 ・保証債務（主たる債務者が弁済不能で保証債務者がその債務を履行しなければならない場合のみ控除できます。） ・遺言執行費用、相続財産管理費用 ・相続に係る弁護士・税理士費用

葬式費用の具体例

控除できるもの（○）	控除できないもの（×）
・密葬、本葬の費用（葬式や葬送に際し、埋葬、火葬、納骨又は遺骸若しくは遺骨の回送に要した費用） ・通夜費用 ・寺院等に対する読経料、御布施、戒名料等 ・葬式の前後に生じた出費で通常葬式に伴うものと認められるもの（死亡広告費用、会葬御礼に要する費用、お通夜の費用、飲食等に要した費用） ・死体の捜索又は死体若しくは遺骨の運搬費用	・香典返戻費用 ・墓碑及び墓地の買入費並びに墓地の借入料 ・初七日や四十九日などの法会に要する費用 ・遺体解剖費用 ・葬儀に際して支払った親族の喪服借用料、交通費等

(7) 納税義務者区分と課税財産の範囲等

財産を取得した者で、相続税の申告をする必要がある者を、一般的に「**納税義務者**」といいます。相続税の納税義務者には、住所や国籍等により、次の表のような分類ができ、それによって、課税財産の範囲や控除等の適用の可否が決まってきますので、留意してください。

①　納税義務者区分

区　分	納税義務者の内容
①居住無制限納税義務者 （相法１条の３第１項１号）	相続又は遺贈により財産を取得した次に掲げる者であって、その財産を取得した時において日本国内に住所を有するもの イ　一時居住者（注１）でない個人 ロ　一時居住者（注１）である個人（注２）
②非居住無制限納税義務者 （相法１条の３第１項２号）	相続又は遺贈により財産を取得した次に掲げる者であって、その財産を取得した時において日本国内に住所を有しないもの イ　日本国籍を有する個人であって、①その相続又は遺贈に係る相続の開始前10年以内のいずれかの時において日本国内に住所を有していたことがあるもの、又は、②その相続又は遺贈に係る相続の開始前10年以内のいずれかの時においても日本国内に住所を有していたことがないもの（注２） ロ　日本国籍を有しない個人（注２）
③制限納税義務者 （相法１条の３第１項３号、４号）	相続又は遺贈により日本国内にある財産を取得した個人で、その財産を取得した時において、①日本国内に住所を有するもの（居住無制限納税義務者を除きます。）である居住制限納税義務者、又は②日本国内に住所を有しないもの（非居住無制限納税義務者を除きます。）である非居住制限納税義務者
④特定納税義務者 （相法１条の３第１項５号）	贈与により相続時精算課税の適用を受ける財産を取得した個人（上記無制限納税義務者及び制限納税義務者に該当する人を除きます。）

（注１）「一時居住者」、「一時居住被相続人」、「非居住被相続人」については、次のとおりです。

一時居住者	相続開始の時に在留資格（出入国管理及び難民認定法別表第1（在留資格）上欄の在留資格をいいます。）を有する者で、その相続の開始前15年以内に日本国内に住所を有していた期間の合計が10年以下のものをいいます。
一時居住被相続人	相続開始時において在留資格を有し、かつ、国内に住所を有する者であって、相続開始前15年以内において日本国内に住所を有していた期間が10年以下であるものをいいます。
非居住被相続人	相続開始の時に日本国内に住所を有していなかった被相続人で、①相続の開始前10年以内に日本国内に住所を有していたことがあるもののうち、①そのいずれの時においても日本国籍を有していなかったもの、又は、②その相続の開始前10年以内に日本国内に住所を有していたことがないものをいいます。

（注2）　その相続又は遺贈に係る被相続人（遺贈をした人を含みます。）が、一時居住被相続人又は非居住被相続人である場合を除きます。

②　個人の納税義務者と課税財産の範囲

納税義務者の区分		国内財産	国外財産	相続時精算課税適用財産（注）
無制限納税義務者	居住無制限納税義務者	課税	課税	課税
	非居住無制限納税義務者	課税	課税	課税
制限納税義務者	居住制限納税義務者	課税	課税なし	課税
	非居住制限納税義務者	課税	課税なし	課税
特定納税義務者		—	—	課税

（注）　相続時精算課税適用財産とは、被相続人から贈与により取得した財産で相続税法第21条の9第3項の適用を受けるものをいいます。

③　納税義務者区分別の相続税法の適用

納税義務者別の相続税法の適用関係について整理しますと次のようになります。

区　分	居住無制限納税義務者	非居住無制限納税義務者	居住制限納税義務者	非居住制限納税義務者
債務控除（相法 13 条）	適用あり		財産関連債務のみ適用あり（注 1）	
配偶者の相続税の税額軽減（相法 19 条の 2）	適用あり			
未成年者控除（相法 19 条の 3）	適用あり		適用なし（注 2）	
障害者控除（相法 19 条の 4）	適用あり	適用なし		
外国税額控除（相法 20 条の 2）	適用あり		適用なし	
小規模宅地等の特例（措法 69 条の 4）	適用あり（注 3）			
納税地（注 4）（相法 62 条、相法附則 3 条）	住所地	その者が定めた納税地	住所地	その者が定めた納税地

（注 1）　相続等により取得した日本国内にある財産に係る公租公課、その他その財産を目的とする抵当権等で担保される債務等をいいます。

（注 2）「遺産、相続及び贈与に対する租税に関する二重課税の回避及び脱税の防止のための日本国とアメリカ合衆国との間の条約」の適用を受ける制限納税義務者については、未成年者控除と障害者控除が認められています（同条約 4 条）。

（注 3）　制限納税義務者で日本国籍を有しない者については、適用できないケースがあります。

（注 4）　被相続人の死亡の時における住所が日本国内にある場合は、被相続人の住所地が納税地となります。

（(7) については、天池健治・中山眞美著『図解・表解　相続税申告書の記載チェックポイント〔第 3 版〕』（中央経済社 2019）35～37 頁を参考に作成）

〔参考〕相続税の納税義務者及び納税義務の範囲等

被相続人＼相続人		国内に住所あり	国内に住所あり：短期滞在の外国人（注2）	国内に住所なし：日本国籍あり：10年以内に住所あり	国内に住所なし：日本国籍あり：10年以内に住所なし	国内に住所なし：日本国籍なし
国内に住所あり		居住無制限納税義務者（国内財産・国外財産ともに課税）	居住無制限納税義務者（国内財産・国外財産ともに課税）	非居住無制限納税義務者（国内財産・国外財産ともに課税）	非居住無制限納税義務者（国内財産・国外財産ともに課税）	非居住無制限納税義務者（国内財産・国外財産ともに課税）
国内に住所あり	短期滞在の外国人（注2）	居住無制限納税義務者（国内財産・国外財産ともに課税）	居住制限納税義務者	非居住無制限納税義務者（国内財産・国外財産ともに課税）	非居住制限納税義務者	非居住制限納税義務者
国内に住所なし	10年以内に住所あり	居住無制限納税義務者（国内財産・国外財産ともに課税）	居住無制限納税義務者（国内財産・国外財産ともに課税）	非居住無制限納税義務者（国内財産・国外財産ともに課税）	非居住無制限納税義務者（国内財産・国外財産ともに課税）	非居住無制限納税義務者（国内財産・国外財産ともに課税）（注4）
国内に住所なし	10年以内に住所あり：一定の外国人（注3）	居住無制限納税義務者（国内財産・国外財産ともに課税）	居住制限納税義務者（国内財産のみに課税）	非居住無制限納税義務者（国内財産・国外財産ともに課税）	非居住制限納税義務者（国内財産のみに課税）	非居住制限納税義務者（国内財産のみに課税）
国内に住所なし	10年以内に住所なし	居住無制限納税義務者（国内財産・国外財産ともに課税）	居住制限納税義務者（国内財産のみに課税）	非居住無制限納税義務者（国内財産・国外財産ともに課税）	非居住制限納税義務者（国内財産のみに課税）	非居住制限納税義務者（国内財産のみに課税）

（注1）　相続税法第1条の3第1項第5号に規定する贈与により相続時精算課税の適用を受ける財産を取得した人は、この表には含まれません。

（注2）　出入国管理及び難民認定法別表第1の在留資格を有する人で、相続開始前15年以内において国内に住所を有していた期間の合計が10年以下の人

（注3）　国内に住所を有していた期間引き続き日本国籍を有していない人

（注4）　平成31年1月1日から令和4年3月31日までの間に非居住外国人（平成29年4月1日から相続又は遺贈の時まで引き続き国内に住所を有しない人であって、日本国籍を有しない人をいいます。）から相続又は遺贈により財産を取得した場合において、その財産を取得した人がその取得時に国内に住所を有しない人で、かつ、日本国籍を有しない人であるときは、この表にかかわらず、**非居住制限納税義務者**に当たります。

5　相続税の計算方法

POINT

◎相続税の計算は、独特の方式に基づいていますので、国税庁ホームページや市販のソフトを使用してチェックするのがベターです。
ただし、市販のソフト等で自動計算する場合でも、例えば、
⇒２割加算の対象となるケースかどうかの判断（入力）誤り
⇒孫養子の扱いに係る判断（入力）誤り
などにご注意ください。

(1) 相続税額の計算方法

各人の納付すべき相続税額の計算方法は、次のとおりです。

① 各人の課税価格の計算

相続、遺贈や相続時精算課税に係る贈与によって財産を取得した人ごとに各人の課税価格を計算します。

（［相続や遺贈によって取得した財産の価額］＋［相続時精算課税適用財産の価額］－［債務・葬式費用の金額］）＋［相続開始前３年以内の贈与財産の価額］＝［各人の課税価格］

（注1）「相続や遺贈によって取得した財産の価額」には、みなし相続財産の価額が含まれ、非課税財産の価額が除かれます。

（注2）「債務・葬式費用の金額」を差し引いた結果赤字のときは「0」とし、その上で「相続開始前３年以内の贈与財産の価額」を加算します。

（注3）「相続開始前３年以内の贈与財産の価額」は、贈与税の基礎控除（110万円）以下の場合にも加算します。

② 課税遺産総額の計算

課税遺産総額は、上記①で計算した各人の課税価格の合計額（以下「課税価格の合計額」といいます。）から遺産に係る基礎控除額を差し引いて計算します。

課税価格の合計額 － 遺産に係る基礎控除額 ＝ 課税遺産総額

③　相続税の総額の計算及び各人の納付すべき相続税額又は還付される税額の計算

（イ）　相続税の総額の計算は、まず、相続人等が遺産を実際にどのように分割したかに関係なく、「**法定相続人の数**」に算入された相続人が上記②の**課税遺産総額**を法定相続分に応じて取得したものと仮定し、各人ごとの取得金額を計算します。

（ロ）　次に、この各人ごとの取得金額にそれぞれ相続税の税率を掛けた金額（法定相続分に応じる税額）を計算し、その各人ごとの金額を合計します。この合計した金額を**相続税の総額**といいます。

【相続税の総額の計算】　配偶者と子２人の場合

課税遺産総額

配偶者 （２分の１）	子１ （４分の１）	子２ （４分の１）
× 税率	× 税率	× 税率

２分の１に応じる税額 ＋ ４分の１に応じる税額 ＋ ４分の１に応じる税額 ＝ 相続税の総額

（注）　相続税の税率及び税額の計算方法については、後述34頁の「相続税の速算表」を参照ください。

【各人ごとの相続税額の計算】

相続税の総額を課税価格の合計額（上記②参照）に占める各人の課税価格（上記①）の割合であん分して計算した金額が**各人ごとの相続税額（算出税額）**となります。

なお、相続、遺贈や相続時精算課税に係る贈与によって財産を取得した人が、被相続人の１親等の血族（代襲して相続人となった直系卑属を含みます。）及び配偶者以外の人である場合には、その人の相続税額にその相続税額の**２割**に相当する金額が加算されます（後述34頁の〔参考〕２割加算の対象となる親族図参照）。

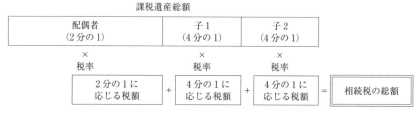

（注１）　この場合の１親等の血族には、被相続人の養子も含まれます。ただし、被相続人の孫（直系卑属）は、被相続人の養子になっていても、被相続人の子（直系卑属）が相続開始前に死亡したときや相続権を失ったためその孫が代襲して相続人となっているときを除き、この場合の１親等の血族には含まれません（加算の対象となります。）。

（注２）　相続時精算課税適用者が相続開始の時において被相続人の１親等の血族に該当しない場合であっても、相続時精算課税に係る贈与によって財産を取得した時において被相続人の１親等の血族であったときは、その財産に対応する一定の相続税額については加算の対象となりません。

（注３）　相続、遺贈や相続時精算課税に係る贈与によって財産を取得した人が、被相続人から贈与等により取得した信託受益権又は金銭等について、直系尊属からの結婚・子育て資金の一括贈与を受けた場合の贈与税の非課税の適用を受け、その被相続人から管理残額を相続や遺贈により取得したものとみなされた場合には、その管理残額に対応する一定の相続税額については加算の対象となりません。

（ハ）　最後に、**各人ごとの相続税額（算出税額）**から「贈与税額控除額」、「配偶者の税額軽減額」、「未成年者控除額」、「障害者控除額」などの税額控除の額を差し引いた金額が、**各人の納付すべき相続税額又は還付される税額**となります。

〔速算表による相続税額の計算方法〕

課税価格の合計額が２億円、法定相続人が配偶者と子２人の場合

２億円（課税価格の合計額）－4,800万円（遺産に係る基礎控除額）＝１億5,200万円（課税遺産総額）

（相続税の総額の計算）

・配偶者（法定相続分２分の１）

7,600万円×30％－700万円＝1,580万円…①

・子（法定相続分４分の１）

3,800万円×20%－200万円＝560万円…②

①＋②×2＝2,700万円…相続税の総額

相続税の速算表

法定相続分に応ずる取得金額	1,000万円以下	3,000万円以下	5,000万円以下	1億円以下	2億円以下	3億円以下	6億円以下	6億円超
税　率	10%	15%	20%	30%	40%	45%	50%	55%
控除額	－	50万円	200万円	700万円	1,700万円	2,700万円	4,200万円	7,200万円

〔参考〕2割加算の対象となる親族図

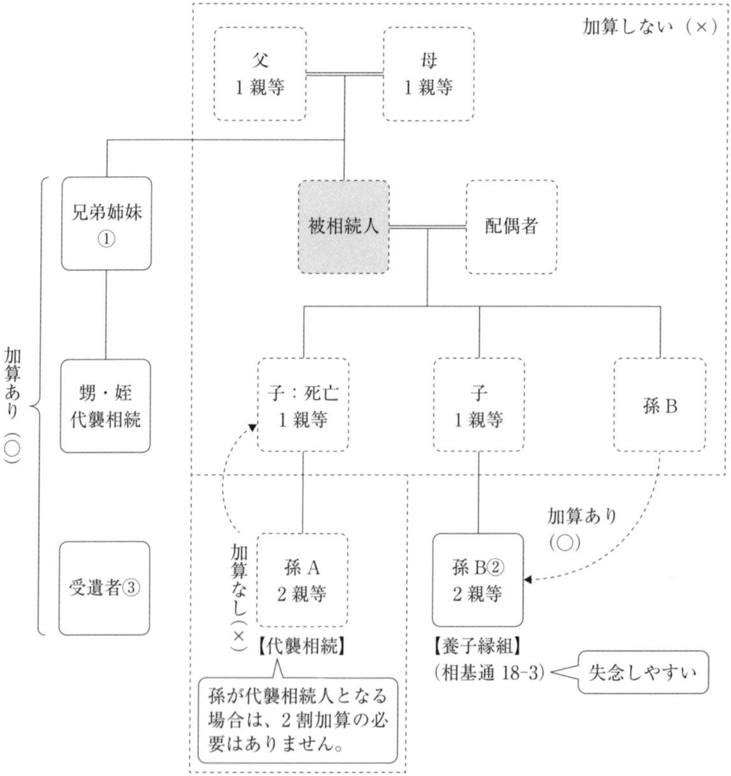

（注）　2割加算の主な対象者

①　祖父母若しくは兄弟姉妹（代襲相続人を含みます。）（相法18条1項）

②　孫養子（代襲相続に該当する場合を除きます。）（相法18条2項）

③　その他、遺贈によって相続財産を取得した者（法定相続人以外の受遺者等）

例：人格のない社団等・公益法人等で相続税が課税される場合

(2) 税額控除の概要

税額控除は次の順序に従って行います。

なお、次の①から⑥までの控除により赤字になる場合は、納付すべき相続税額は「0」となります。

①　暦年課税分の贈与税額控除（相法19条）

相続、遺贈や相続時精算課税に係る贈与によって財産を取得した人に相続開始前３年以内に被相続人から贈与を受けた贈与財産について課せられた贈与税がある場合には、その人の相続税額からその贈与税額（贈与税の外国税額控除前の税額）を控除します。

②　配偶者の税額軽減（相法19条の２）

相続や遺贈によって財産を取得した人が被相続人の配偶者である場合には、その配偶者の相続税額から、次の算式によって計算した金額を控除します。

なお、配偶者の税額軽減を受けることによって納付すべき相続税額が「0」となる人であっても、相続税の申告書の提出が必要です。

〔算式〕

$$\text{相続税の総額}\times\frac{\text{次の①又は②のうちいずれか少ない方の金額}}{\textbf{課税価格}\text{の合計額}}$$

①　**課税価格**の合計額に配偶者の法定相続分を掛けて計算した金額又は１億6,000万円のいずれか多い方の金額

②　配偶者の**課税価格**（相続税の申告期限までに分割されていない財産の価額は除かれます。）

（注１）　②の「配偶者の**課税価格**」に含まれる財産は次のものになります。

・申告期限内に遺産分割（遺産の一部分割を含みます。）によって取得した財産（A）

・単独の相続や包括遺贈によって取得した財産（A 以外の財産に限ります。）
・特定遺贈によって取得した財産
・相続税法上、相続や遺贈によって取得したものとみなされる財産
・相続開始前 3 年以内の贈与財産で、相続税の課税価格に加算されるもの

（注 2）　相続税の申告期限までに分割されていない財産であっても、次の i 又は ii に掲げる場合に該当することとなったときは、改めて上記の算式により配偶者の税額軽減の計算を行うことができますが、この場合、遺産分割が行われた日の翌日から **4 か月**以内に更正の請求書を提出しなければなりません。

i　相続税の申告期限後 3 年以内に財産が分割された場合

ii　相続税の申告期限後 3 年を経過する日までに財産の分割ができないやむを得ない事情があり、税務署長の承認を受けた場合で、その事情がなくなった日の翌日から 4 か月以内に分割されたとき（税務署長の承認を受けようとする場合には、相続税の申告期限後 3 年を経過する日の翌日から 2 か月以内に、財産の分割ができないやむを得ない事情の詳細を記載した承認申請書を提出する必要があります。）

③　未成年者控除（相法 19 条の 3）

相続や遺贈によって財産を取得した人（居住制限納税義務者又は非居住制限納税義務者を除きます。）が、満 20 歳（令和 4 年 4 月 1 日以降は 18 歳。以下同じです。）未満の相続人（相続の放棄があった場合には、その放棄がなかったものとした場合の相続人）である場合には、その人の相続税額から、**10 万円**に相続開始の日からその人が満 20 歳に達するまでの年数（その年数が 1 年未満であるとき又は 1 年未満の端数があるときはこれを 1 年とします。）を掛けて計算した金額（未成年者控除額）を控除します。

この場合、未成年者控除額がその人の相続税額を超える場合には、そ

の超える金額を、その人の扶養義務者の相続税額から控除することができます。

(注)　過去に未成年者控除の適用を受けた人の控除額は、上記により計算した金額と次の①の金額から②の金額を差し引いた金額のうち、いずれか少ない方の金額となります。

①　10万円に前の相続開始の日からその人が満20歳に達するまでの年数を掛けて計算した金額

②　過去の相続税額の計算において、その人及びその人の扶養義務者が実際に控除を受けた未成年者控除の金額

④　障害者控除（相法19条の4）

相続、遺贈や相続時精算課税に係る贈与によって財産を取得した人（非居住無制限納税義務者、居住制限納税義務者又は非居住制限納税義務者を除きます。）が、障害者で、かつ、相続人（相続の放棄があった場合には、その放棄がなかったものとした場合の相続人）である場合には、その人の相続税額から、**10万円**（特別障害者である場合には20万円）に相続開始の日からその人が満85歳に達するまでの年数（その年数が1年未満であるとき又は1年未満の端数があるときはこれを1年とします。）を掛けて計算した金額（障害者控除額）を控除します。

この場合、障害者控除額がその人の相続税額を超える場合には、その超える金額を、その人の扶養義務者の相続税額から控除することができます（【事例50】参照）。

(注)　過去に障害者控除の適用を受けた人の控除額及び過去の相続の時と今回の相続の時における障害の程度が異なる場合の控除額は、上記により計算した金額とは異なりますので、注意してください。

⑤　相次相続控除（相法20条）

相続開始前10年以内に2回以上の相続が発生した場合において、被相続人が相続、遺贈や相続時精算課税に係る贈与によって財産を取得し相続税が課せられた場合には、その被相続人から相続、遺贈や相続時精

算課税に係る贈与によって財産を取得した人（相続人に限ります。）の相続税額から一定の金額を控除します。

⑥　**外国税額控除（相法20条の2）**

相続、遺贈や相続時精算課税に係る贈与によって外国にある財産を取得したため、その財産について外国で相続税に相当する税金が課せられた場合には、その人の相続税額から一定の金額を控除します。

⑦　**相続時精算課税分の贈与税額控除（相法21条の15、21条の16）**

相続時精算課税適用者に相続時精算課税適用財産について課せられた贈与税がある場合には、その人の相続税額（上記①から⑥までの控除により赤字になる場合は「0」となります。）からその贈与税額（贈与税の外国税額控除前の税額）に相当する金額を控除します。

なお、その金額を相続税額から控除する場合において、なお控除しきれない金額があるときは、その控除しきれない金額（相続時精算課税適用財産に係る贈与税について外国税額控除の適用を受けた場合には、その控除しきれない金額からその外国税額控除額を控除した残額）に相当する税額の還付を受けることができます。

この税額の還付を受けるためには、相続税の申告書を提出しなければなりません。

⑧　**医療法人持分税額控除（医療法人の持分についての相続税の税額控除）（措法70条の7の13第1項）**

医療法人の持分を相続や遺贈により取得し、相続開始の時から相続税の申告期限までの間にその持分の全部又は一部を放棄した場合で、一定の要件を満たすときは、放棄した持分の額に対応する部分の相続税額に相当する金額を控除します。

〔相続税額の計算方法〕

①「相続税がかかる財産」の価額の合計額が２億2,000万円、②「債務・葬式費用」の合計額が2,000万円である場合の相続税額の計算方法は次のとおりです。
相続人は妻と子２人で、「相続税がかかる財産」及び「債務・葬式費用」の負担状況は、次の表のとおりです。

相　続　人	妻	A子	B子	合計
①相続税がかかる財産	２億円	1,000万円	1,000万円	２億2,000万円
②債務・葬式費用	2,000万円	—	—	2,000万円

【各人の課税価格の計算】

妻	２億円	−	2,000万円	＝	１億8,000万円
A子	1,000万円	−	0万円	＝	1,000万円
B子	1,000万円	−	0万円	＝	1,000万円

各人ごとに①相続税がかかる財産の価額から②債務・葬式費用の金額を差し引いて計算します。

【課税価格の合計額の計算】

１億8,000万円 ＋ 1,000万円 ＋ 1,000万円 ＝ ２億円

各人の課税価格を合計した金額が「**課税価格の合計額**」となります。

【課税遺産総額の計算】

課税価格の合計額２億円から、遺産に係る基礎控除額4,800万円（3,000万円＋600万円×３人）を差し引いた金額、１億5,200万円が「課税遺産総額」となります。

２億円 − 4,800万円 ＝ １億5,200万円

遺産に係る基礎控除額
（3,000万円＋600万円 × 法定相続人の数）

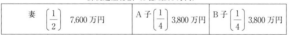

【相続税の総額の計算】

課税遺産総額（１億5,200万円）

妻 $\left(\frac{1}{2}\right)$ 7,600万円	A子 $\left(\frac{1}{4}\right)$ 3,800万円	B子 $\left(\frac{1}{4}\right)$ 3,800万円

まず、課税遺産総額１億5,200万円を法定相続分（「法定相続人の数」に応じた相続分）であん分します。
次に、あん分したそれぞれの金額に税率を掛けて税額を計算します。

↓（× 税率）　↓（× 税率）　↓（× 税率）

「相続税の速算表」（34頁）を使用して計算します。

1,580万円	560万円	560万円

計算したそれぞれの税額を合計した金額が「相続税の総額」となります。

↓

相続税の総額　2,700万円

【各人の納付すべき相続税額の計算】

「相続税の総額」を**課税価格**の合計額に占める各人の**課税価格**の割合であん分します。

妻 2,430万円	A子 135万円	B子 135万円

↓

あん分した税額から、各種の税額控除の額を差し引きます。この事例では「配偶者の税額軽減」のみ適用があったとして計算します（配偶者の税額軽減額は2,160万円）。

↓

（実際に納付する相続税）

妻 270万円	A子 135万円	B子 135万円

（国税庁「相続税の申告のしかた」を参考に作成）

6　法定申告期限までに遺産分割ができない場合の申告（相法55条）

POINT

◎遺産分割協議が成立しない場合でも申告期限は同じです。
◎配偶者の税額軽減の特例や小規模宅地等の特例は適用できません。
◎配偶者の税額軽減の特例や小規模宅地等の特例を適用する場合に申告（手続）が必要です。

相続財産の分割協議が成立していないときは、各相続人などが民法に規定する相続分又は包括遺贈の割合に従って財産を取得したものとして相続税の計算をし、申告と納税をすることになります。

分割されていないという理由で相続税の申告期限が延びることはありません。

未分割の場合、小規模宅地等についての相続税の課税価格の計算の特例や配偶者の税額の軽減の特例などが適用できません。

ただし、相続税の申告書に「**申告期限後３年以内の分割見込書**」（注）を添付して提出しておき、相続税の申告期限から３年以内に分割された場合には、特例の適用を受けることができます。

相続税法第55条の規定により、民法に規定する相続分又は包括遺贈の割合で申告した後に、相続財産の分割が行われ、その分割に基づき計算した税額と申告した税額とが異なるときは、実際に分割した財産の額に基づいて修正申告又は更正の請求をすることができます。

修正申告は、法定相続分を超える財産を取得するなど、はじめに申告した税額よりも実際の分割に基づく税額が多い場合にすることができます。

更正の請求は、取得財産が法定相続分以下となる場合や、小規模宅地等の特例や配偶者の税額軽減などの特例を適用することで、はじめに申告した税額よりも実際の分割に基づく税額が少ない場合にすることができます。ただし、更正の請求ができるのは、分割のあったことを知った日の翌日から**４か月以内**とされています。

この修正申告又は更正の請求において上記の特例を適用することができるのは、原則として申告期限から３年以内に分割があった場合に限られますが、相続税の申告期限の翌日から３年を経過する日において相続等に関する訴えが提起されているなど一定のやむを得ない事情がある場合には、申告期限後３年を経過する日の翌日から２か月を経過する日までに、**「遺産が未分割であることについてやむを得ない事由がある旨の承認申請書」**（注）を提出し、その申請につき所轄税務署長の承認を受けておきます。

そして、その承認を受けた上で、その後判決等により分割協議が成立した場合、その成立した日の翌日から４か月以内に「更正の請求」をすることで、これらの特例の適用を受けることができます。（相法19条の2、27条、31条～33条、55条、措法69条の4、相令4条の2、措令40条の2、相規1条の6、措規23条の2）。

（注）「申告期限後３年以内の分割見込書」と「遺産が未分割であることについてやむを得ない事由がある旨の承認申請書」の手続の相違と提出期限に注意が必要です。

第３　財産評価の仕組み

相続財産の価額は、原則として、相続開始の時の時価で評価します。主な財産の評価のあらましは、次のとおりです。

1　宅地

(1) 宅地

宅地の評価方法には、【路線価方式】と【倍率方式】があります。

① 路線価方式

路線価が定められている地域の評価方法です。路線価とは、路線（道路）に面する標準的な宅地の１m^2当たりの価額のことで、「路線価図」で確認することができます。

宅地の価額は、原則として、路線価をその宅地の形状等に応じた調整率で補正した後、その宅地の面積を掛けて計算します。

（注）　調整率には、「奥行価格補正率」、「側方路線影響加算率」などがあります（評基通付表1〜9）。国税庁ホームページで確認することができます。

課税実務では、通常次頁のような路線価をもとに「土地及び土地の上に在する権利の評価明細書」（44頁参照）を使用して計算することになります。

＜路線価図のイメージ＞

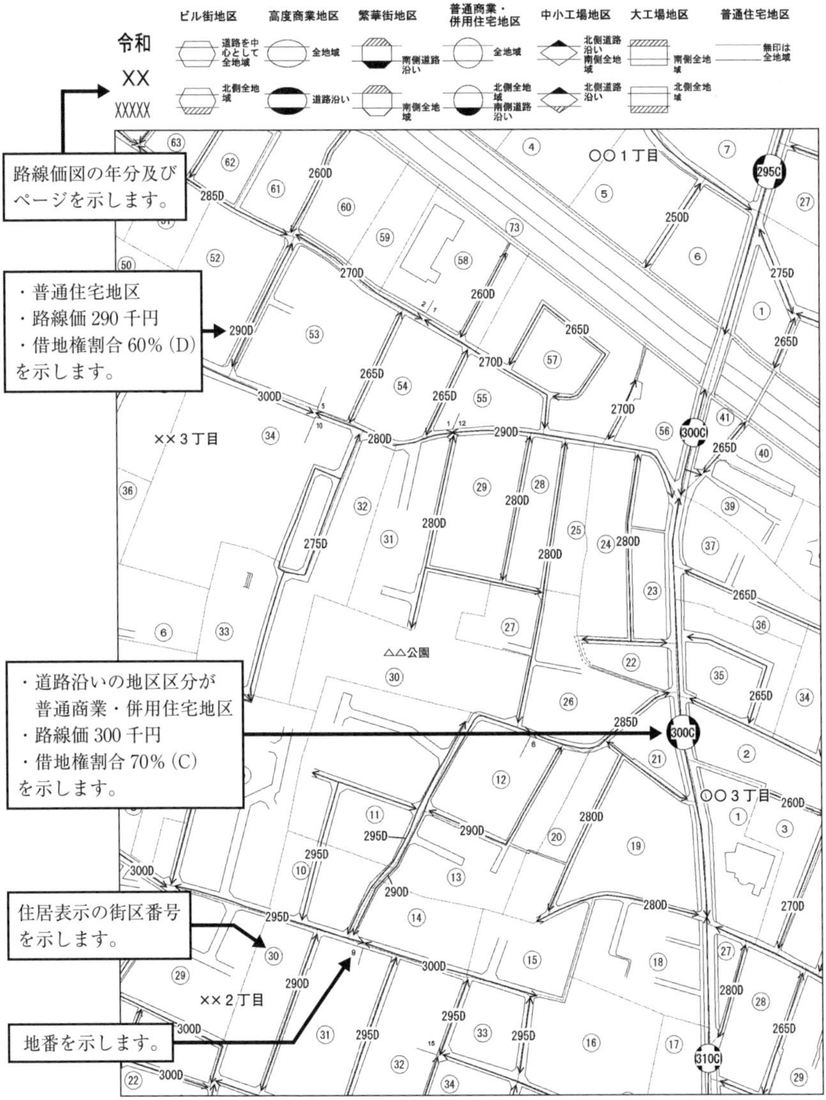
ビル街地区
高度商業地区
繁華街地区
普通商業・併用住宅地区
中小工場地区
大工場地区
普通住宅地区
令和
XX
XXXXX
道路を中心として全地域
北側全地域
全地域
道路沿い
南側道路沿い
南側全地域
全地域
北側全地域
南側道路沿い
北側道路沿い
南側全地域
北側道路沿い
南側全地域
北側全地域
無印は全地域
路線価図の年分及びページを示します。
・普通住宅地区
・路線価 290 千円
・借地権割合 60％（D）
を示します。
・道路沿いの地区区分が
普通商業・併用住宅地区
・路線価 300 千円
・借地権割合 70％（C）
を示します。
住居表示の街区番号を示します。
地番を示します。
○○１丁目
××３丁目
△△公園
○○３丁目
××２丁目
290D
300C
295C
310C

<記載例>

土地及び土地の上に存する権利の評価明細書（第１表）　局(所)　署　令和１年分　ページ

（平成三十一年一月分以降用）

（住居表示）	（Ａ市Ｂ町２丁目2-2）	所有者	住所（所在地）	Ａ市Ｂ町２丁目2-2	使用者	住所（所在地） Ａ市Ｂ町２丁目2-2
所在地番	Ａ市Ｂ町２丁目20番地（うち150 m²）同22番地		氏名（法人名）	甲野一郎		氏名（法人名） 乙野三郎

地目	地積	路線価 正面	側方	側方	裏面
（宅地）山林 田 雑種地 畑（　）	200 ㎡	200,000 円	円	円	円

間口距離 10 m	利用区分：自用地　私道　貸宅地　（貸家建付借地権）　貸家建付地　転貸借地権　借地権（　）	地区区分：ビル街地区　（普通住宅地区）　高度商業地区　中小工場地区　繁華街地区　大工場地区　普通商業・併用住宅地区	地形図及び参考事項
奥行距離 20 m			

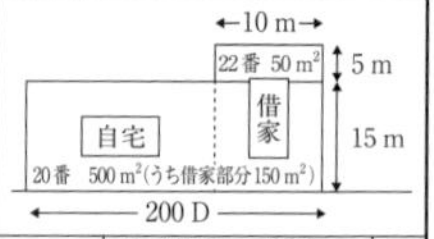

自用地１平方メートル当たりの価額	計算	(1 ㎡当たりの価額) 円	
1	一路線に面する宅地　（正面路線価）200,000 円 ×（奥行価格補正率）1.00	200,000	A
2	二路線に面する宅地　（A）円 ＋（［側方・裏面 路線価］円 ×（奥行価格補正率）. ×［側方・二方 路線影響加算率］0.　）		B
3	三路線に面する宅地　（B）円 ＋（［側方・裏面 路線価］円 ×（奥行価格補正率）. ×［側方・二方 路線影響加算率］0.　）		C
4	四路線に面する宅地　（C）円 ＋（［側方・裏面 路線価］円 ×（奥行価格補正率）. ×［側方・二方 路線影響加算率］0.　）		D
5-1	間口が狭小な宅地等　（AからDまでのうち該当するもの）200,000 円 ×（（間口狭小補正率）1.00 ×（奥行長大補正率）0.98）	196,000	E
5-2	不整形地　（AからDまでのうち該当するもの）円 × 不整形地補正率※ 0. ※不整形地補正率の計算 （想定整形地の間口距離）m ×（想定整形地の奥行距離）m ＝（想定整形地の地積）㎡ （（想定整形地の地積）㎡ －（不整形地の地積）㎡）÷（想定整形地の地積）㎡ ＝（かげ地割合）% （不整形地補正率表の補正率）0. ×（間口狭小補正率）. ＝ 0.＿＿① （小数点以下2位未満切捨て） （奥行長大補正率）. ×（間口狭小補正率）. ＝ 0.＿＿② ［不整形地補正率（①、②のいずれか低い率、0.6を下限とする。）］0.＿＿		F
6	地積規模の大きな宅地　（AからFまでのうち該当するもの）円 × 規模格差補正率※ 0. ※規模格差補正率の計算 ｛（（地積（Ⓐ））㎡×（Ⓑ）＋（Ⓒ））÷（地積（Ⓐ））㎡｝× 0.8 ＝ 0.（小数点以下２位未満切捨て）		G
7	無道路地　（F又はGのうち該当するもの）円 ×（1 － 0.（※）） ※割合の計算（0.4を上限とする。） （（正面路線価）円 ×（通路部分の地積）㎡）÷（（F又はGのうち該当するもの）円 ×（評価対象地の地積）㎡）＝ 0.		H
8-1	がけ地等を有する宅地　〔南、東、西、北〕　（AからHまでのうち該当するもの）円 ×（がけ地補正率）0.		I
8-2	土砂災害特別警戒区域内にある宅地　（AからHまでのうち該当するもの）円 × 特別警戒区域補正率※ 0. ※がけ地補正率の適用がある場合の特別警戒区域補正率の計算（0.5を下限とする。）〔南、東、西、北〕 （特別警戒区域補正率表の補正率）0. ×（がけ地補正率）0. ＝（小数点以下２位未満切捨て）0.		J
9	容積率の異なる２以上の地域にわたる宅地　（AからJまでのうち該当するもの）円 ×（1 －（控除割合（小数点以下３位未満四捨五入））0.）		K
10	私道　（AからKまでのうち該当するもの）円 × 0.3		L

自用地の評価額	自用地１平方メートル当たりの価額（AからLまでのうちの該当記号）	地積	総額（自用地１㎡当たりの価額）×（地積）	
	（E）196,000 円	200 ㎡	39,200,000 円	M

（注）1　5-1の「間口が狭小な宅地等」と5-2の「不整形地」は重複して適用できません。
2　5-2の「不整形地」の「AからDまでのうち該当するもの」欄の価額について、AからDまでの欄で計算できない場合には、（第２表）の「備考」欄等で計算してください。
3　「がけ地等を有する宅地」であり、かつ、「土砂災害特別警戒区域内にある宅地」である場合については、8-1の「がけ地等を有する宅地」欄ではなく、8-2の「土砂災害特別警戒区域内にある宅地」欄で計算してください。

（資4－25－1－A4統一）

②　倍率方式

路線価が定められていない地域の評価方法です。宅地の価額は、原則として、その宅地の固定資産税評価額（都税事務所や市（区）役所又は町村役場で確認。）に一定の倍率（倍率は「評価倍率表」で確認。）を掛けて計算します。

適用地域名の地域区分（市街化区域、市街化調整区域など）の並びは例えば東京国税局と大阪国税局で異なりますのでご注意ください。

③路線価をもとに宅地比準方式により評価します。

令和○年分　　倍　率　表

市区町村名：○○市　　○○税務署

音順	町(丁目)又は大字名	適用地域名	借地権割合	固定資産税評価額に乗ずる倍率等 宅地	田	畑	山林	原野	牧場	池沼
			%	倍	倍	倍	倍	倍	倍	倍
あ	青山町1～2丁目	全域	－	路線	比準	比準	比準	比準		
い	石田新田	農業振興地域内の農用地区域			純 2.4	純 7.2				
		上記以外の地域	40	1.1	純 3.9	純 8.2	純 12	純 10		
	石田町	市街化調整区域								
		1　農業振興地域内の農用地区域			純 3.6	純 5.3				
		2　国道○○号線沿い	40	1.1	中 6.8	中 13	中 16	中 13		
		3　上記以外の地域	40	1.1	純 3.9	純 8.2	中 12	中 10		
		市街化区域	50	1.1	比準	比準	比準	比準		

①固定資産税評価額に乗ずる倍率が地目ごとに表示されています。
評価額は次により求めます。
宅地…固定資産税評価額×1.1
田……固定資産税評価額×3.9
山林…固定資産税評価額×12

②借地権割合
借地権、貸宅地の評価額は次により求めます。
借地権…固定資産税評価額×1.1×0.4
貸宅地…固定資産税評価額×1.1×（1－0.4）

④近傍宅地の標準的な固定資産税評価額（単価）をもとに宅地比準方式により評価します。

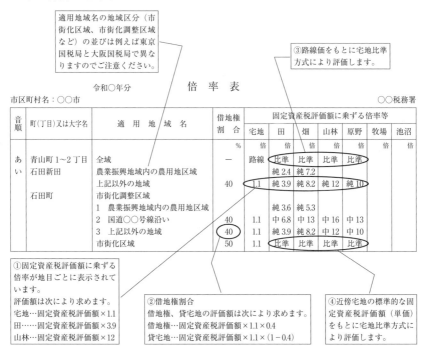

〔居住用宅地や事業用宅地についての特例（小規模宅地等の特例）〕

相続税の計算をする場合、一定の要件の下、居住用の宅地や事業用の宅地についてその資産の価額を減額する小規模宅地等の特例が設けられています。

例えば、被相続人の居住用の宅地を被相続人の配偶者が取得した場合、その宅地の価額は、その宅地のうち330 m^2 までの部分についてその評価額の80％が減額されます。→後述の第４「**1**　小規模宅地等

の特例」（56 頁）参照

(2) 借地権等

借地権等の評価の概要は、次のとおりです。

借地権	原則として、路線価方式又は倍率方式により評価した価額に借地権割合を掛けて計算します。
定期借地権	原則として、相続開始の時において借地権者に帰属する経済的利益及びその存続期間をもととして計算します。
貸宅地	原則として、路線価方式又は倍率方式により評価した価額から、借地権、定期借地権等の価額を差し引いて計算します。
貸家建付地	原則として、路線価方式又は倍率方式により評価した価額から、借家人の有する敷地に対する権利の価額を差し引いて計算します。 評価額＝自用地評価額×（1－借地権割合×借家権割合）

(3) 田畑又は山林

原則として、固定資産税評価額（都税事務所や市（区）役所又は町村役場で確認。）に一定の倍率を掛けて計算します。ただし、市街地にある田畑又は山林については、原則として付近の宅地の価額に比準（宅地比準方式）して計算します。

市街地農地等（「市街地農地、市街地周辺農地、生産緑地、市街地山林、市街地原野及びこれに準じて評価する土地」をいいます。）は、農地、山林等としての価額よりむしろ、宅地の価額に類似して取引がされることから、付近にある宅地の価額をもととして、その宅地と評価対象の市街地農地等の位置、形状等の条件の差を考慮して、その市街地農地等が宅地であるとした場合の価額を求め、その農地等を宅地に転用する場合通常必要と認められる造成費を相当する金額を控除して評価します。

この評価方法を**宅地比準方式**といいます。

なお、宅地比準方式に代えて倍率が定められているときは、評価対象である市街地農地等の固定資産税評価額に倍率を乗じた価額で評価します（評基通 40、49、57 (2)）。

〔算式〕

① 倍率が定めのある地域（評価倍率表に評価倍率が記載されています。）

固定資産税評価額　×　倍率

② それ以外の地域（評価倍率表に「比準」又は「周比準」と表記され、宅地比準方式で次のとおり評価します。）

{宅地であるとした場合の１m^2当たりの価額　－　１m^2当たりの造成費}×　地積

２　家屋

原則として、固定資産税評価額（都税事務所や市（区）役所又は町村役場で確認。）により評価します。

３　森林の立木

原則として、樹種、樹齢別に定めている標準価額をもととして評価します。

（注１）相続人や包括受遺者が相続や遺贈によって取得した立木については、標準価額をもととして計算した価額の85％相当額によります。

（注２）標準価額は国税庁ホームページで確認できます。

４　事業用の機械、器具、農機具等

原則として、類似品の売買価額や専門家の意見などを参考として評価します。

５　上場株式

原則として、次のイからニまでの価額のうち、最も低い価額により評価します。

イ　相続の開始があった日の終値

ロ　相続の開始があった月の毎日の終値の月平均額

ハ　相続の開始があった月の前月の毎日の終値の月平均額

ニ　相続の開始があった月の前々月の毎日の終値の月平均額

6　取引相場のない株式・出資

原則として、その会社の規模の大小、株主の態様、資産の構成割合などに応じ次のような方式により評価します。具体的には「**取引相場のない株式（出資）の評価明細書**」を用いて評価します。

イ　類似業種比準方式

ロ　純資産価額方式

ハ　イとロの併用方式

ニ　配当還元方式

（注）**評価明細書の様式**は、国税庁ホームページからダウンロード又は入手できます。

〔参考〕評価方式（計算式（概要））

イ　類似業種比準方式

1株当たりの類似業種比準価額

$$= \text{A（類似）株価} \times \frac{\dfrac{\text{Ⓑ（会社）配当}}{\text{B（類似）配当}} + \dfrac{\text{Ⓒ（会社）利益}}{\text{C（類似）利益}} + \dfrac{\text{Ⓓ（会社）純資産}}{\text{D（類似）純資産}}}{3}$$

×斟酌率（大会社0.7、中会社0.6、小会社0.5）

ロ　純資産価額方式

$$\text{1株当たりの純資産価額} = \frac{\left(\text{総資産評価額} - \text{負債金額}\right) - \left(\text{清算所得に対する法人税等相当額}\right)}{\text{発行済株式総数}}$$

ハ　イとロの併用方式

併用方式の価額＝類似業種比準価額×Ｌ＋純資産価額×（1－Ｌ）

（注）Ｌ：会社の規模により、0.9、0.75、0.6、0.5となります。

〔参考１〕取引相場のない株式の評価方式

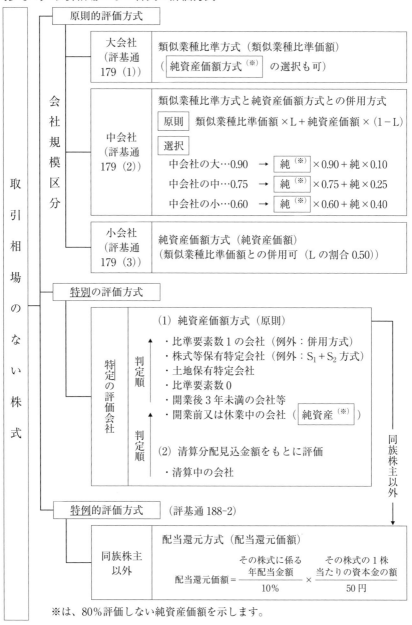

取引相場のない株式

- **原則的評価方式**（会社規模区分）
  - 大会社（評基通179（1））
    - 類似業種比準方式（類似業種比準価額）
    - （純資産価額方式（※）の選択も可）
  - 中会社（評基通179（2））
    - 類似業種比準方式と純資産価額方式との併用方式
    - 原則　類似業種比準価額×Ｌ＋純資産価額×（1－Ｌ）
    - 選択
      - 中会社の大…0.90　→　純（※）×0.90＋純×0.10
      - 中会社の中…0.75　→　純（※）×0.75＋純×0.25
      - 中会社の小…0.60　→　純（※）×0.60＋純×0.40
  - 小会社（評基通179（3））
    - 純資産価額方式（純資産価額）
    - （類似業種比準価額との併用可（Ｌの割合0.50））
- **特別の評価方式**
  - 特定の評価会社
    - （1）純資産価額方式（原則）（↑判定順）
      - ・比準要素数１の会社（例外：併用方式）
      - ・株式等保有特定会社（例外：S_1+S_2方式）
      - ・土地保有特定会社
      - ・比準要素数０
      - ・開業後３年未満の会社等
      - ・開業前又は休業中の会社（純資産（※））
    - （2）清算分配見込金額をもとに評価（↑判定順）
      - ・清算中の会社
    - 同族株主以外 → 配当還元方式
- **特例的評価方式**（評基通188-2）
  - 同族株主以外
    - 配当還元方式（配当還元価額）

$$配当還元価額=\frac{その株式に係る年配当金額}{10\%}\times\frac{その株式の１株当たりの資本金の額}{50円}$$

※は、80％評価しない純資産価額を示します。

〔参考２〕取引相場のない株式の評価方式判定のフローチャート

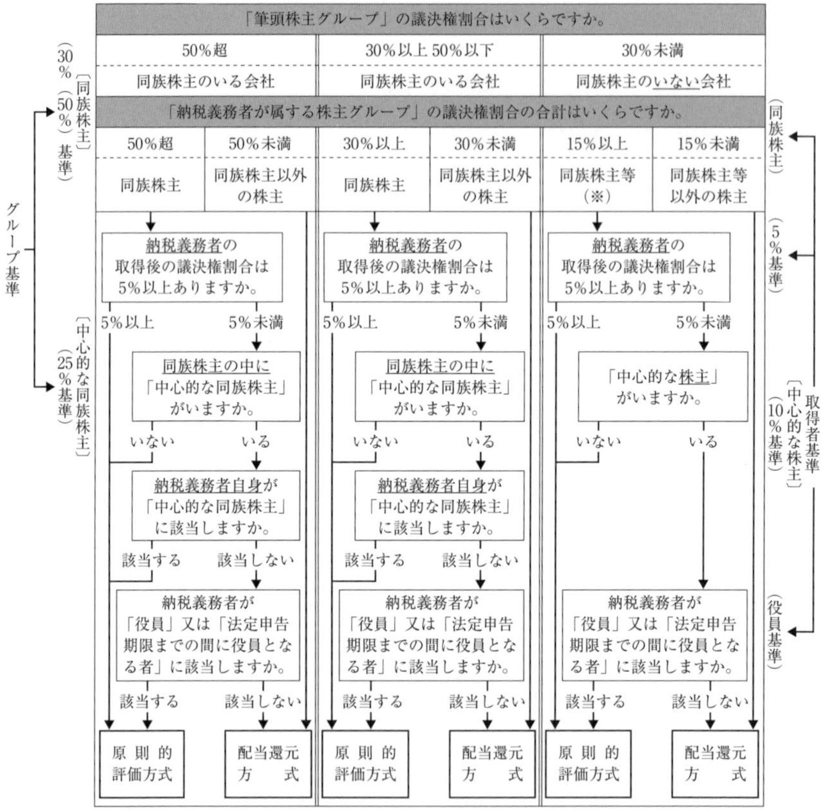

※「同族株主」と「同族株主のいない会社の株主で、議決権割合の合計が15％以上のグループに属する株主」を合わせて「同族株主等」といいます。

（渡邉定義編著『非上場株式の評価実務ハンドブック』（大蔵財務協会 2018）43頁を参考に作成）

ニ　配当還元方式

$$
評価額=\frac{\begin{array}{c}直前期末以前２年間の\\年平均配当金額\end{array}}{10\%}\times\frac{\begin{array}{c}その株式１株当たりの\\資本金等の額\end{array}}{50円}
$$

①評価方式の判定は、実務においては、評価明細書第１表の１を利用したり、会計（税務）ソフトを利用すると自然に選定されるので、あまり心配はありませんが、判定のフローチャートからみて、いわゆる例外に当たる「**配当還元方式**」に該当するのはどのような場合（条件）かを理解しておくことが重要です。またその場合、グループ基準と取得者（納税義務者）基準の区分の違いに留意してください。

②相続・贈与等における取引相場のない株式を評価する場合、議決権割合は、取得後の割合で判定することに注意してください。

(1)「同族株主のいる会社」の評価方式

「**同族株主**」とは、課税時期における評価会社の株主のうち、株主の１人（納税義務者に限りません。）及びその同族関係者（同一の株主グループ）の有する議決権の**合計数**が評価会社の議決権の総数の **30% 以上**（注）である場合におけるその株主及び同族関係者をいいます（評基通188（1））。

（注）　例えば、議決権総数が 30% 以上の株主グループが２つある場合は、両株主グループともに同族株主になりますが、議決権総数が **50% を超える株主グループがある場合**は、その 50% を超える株主グループのみが同族株主となります。

中心的な同族株主とは、同族株主のいる会社の株主で、課税時期において、

同族株主の１人（a)、a の**配偶者**、a の**直系血族**、a の**兄弟姉妹**、a の **１親等の姻族**、a の**特殊関係会社**（前記の者で議決権総数の 25% 以上を保有している会社）

の有する議決権の合計数が、その会社の**議決権総数の 25% 以上**である場合におけるその株主をいいます。

<table>
<tr><th colspan="5">株主の態様</th><th>評価方式</th></tr>
<tr><td rowspan="6">同族株主のいる会社</td><td rowspan="5">同族株主
（・30% 以上
・50% 超）</td><td colspan="3">取得後の議決権割合が 5% 以上の株主</td><td rowspan="4">原則的評価方式</td></tr>
<tr><td rowspan="4">取得後の議決権割合が 5% 未満の株主</td><td colspan="2">中心的な同族株主がいない場合</td></tr>
<tr><td rowspan="3">中心的な同族株主がいる場合</td><td>中心的な同族株主</td></tr>
<tr><td>役員である株主又は役員となる株主</td></tr>
<tr><td>その他の株主</td><td rowspan="2">配当還元方式</td></tr>
<tr><td colspan="4">同族株主以外の株主</td></tr>
</table>

※同族株主…30%（50%）基準、中心的な同族株主…25% 基準

(2)「同族株主のいない会社」の評価方式

議決権割合の合計が **30% 以上の株主グループ**がいない場合、その会社は「**同族株主のいない会社**」に該当します。この場合、議決権割合の合計が **15% 未満**の株主グループに属する株主は**配当還元方式に確定**し、**15% 以上**の株主グループについては「同族株主のいる会社」の場合と同じような検討を加えることになります。ただし、「同族株主のいる会社」の場合と異なり、「中心的な同族株主」が「中心的な株主」に代わります（評基通 188（4））。

「**中心的な株主**」とは**単独で 10% 以上の議決権を有する株主**のことをいいます。

<table>
<tr><th colspan="5">株主の態様</th><th>評価方式</th></tr>
<tr><td rowspan="6">同族株主のいない会社</td><td rowspan="5">議決権割合の合計が 15% 以上の株主グループに属する株主</td><td colspan="3">取得後の議決権割合が 5% 以上の株主</td><td rowspan="4">原則的評価方式</td></tr>
<tr><td rowspan="4">取得後の議決権割合が 5% 未満の株主</td><td colspan="2">中心的な株主がいない場合</td></tr>
<tr><td rowspan="3">中心的な株主がいる場合
（10% 以上）</td><td>役員である株主又は役員となる株主</td></tr>
<tr><td>その他の株主</td></tr>
<tr><td colspan="4">議決権割合の合計が 15% 未満の株主グループに属する株主</td><td>配当還元方式</td></tr>
</table>

※同族株主…30%（50%）基準、中心的な株主…10% 基準

〔参考〕取引相場のない株式の評価明細書（例）

○第１表の１　評価上の株主の判定及び会社規模の判定の明細書

「**株主の判定**」の際に使用します。明細書は随時更新されていますので、課税時期に応じた様式を国税庁ホームページからダウンロードしてください。

第１表の１　評価上の株主の判定及び会社規模の判定の明細書

（取引相場のない株式（出資）の評価明細書）

整理番号	

（平成●●●年一月一日以降用）

会社名	（電話　　　）	本店の所在地	
代表者氏名		事業内容	
課税時期	年　月　日		
直前期	自　年　月　日 至　年　月　日		

取扱品目及び製造、卸売、小売等の区分	業種目番号	取引金額の構成比
		%

１．株主及び評価方式の判定

判定要素（課税時期現在の株式等の所有状況）

氏名又は名称	続柄	会社における役職名	㋑株式数（株式の種類）	㋺議決権数	㋩議決権割合（㋺/④）
	納税義務者		株	個	%
自己株式					
納税義務者の属する同族関係者グループの議決権の合計数				②	⑤（②/④）
筆頭株主グループの議決権の合計数				③	⑥（③/④）
評価会社の発行済株式又は議決権の総数			①	④	100

判定基準

納税義務者の属する同族関係者グループの議決権割合（⑤の割合）を基として、区分します。

区分	筆頭株主グループの議決権割合（⑥の割合）			株主の区分
	50%超の場合	30%以上50%以下の場合	30%未満の場合	
⑤の割合	50%超	30%以上	15%以上	同族株主等
	50%未満	30%未満	15%未満	同族株主等以外の株主

判定

同族株主等（原則的評価方式等）	同族株主等以外の株主（配当還元方式）

「同族株主等」に該当する納税義務者のうち、議決権割合（㋩の割合）が5%未満の者の評価方式は、「2. 少数株式所有者の評価方式の判定」欄により判定します。

２．少数株式所有者の評価方式の判定

判定要素

項目	判定内容
氏名	
㊁役員	である〔原則的評価方式等〕・でない（次の㋭へ）
㋭納税義務者が中心的な同族株主	である〔原則的評価方式等〕・でない（次の㋬へ）
㋬納税義務者以外に中心的な同族株主（又は株主）	がいる（配当還元方式）・がいない〔原則的評価方式等〕 （氏名　　　）
判定	原則的評価方式等・配当還元方式

この表は、原則として納税義務者ごとに作成します。

この欄で「原則的評価方式等」と「配当還元方式」のいずれに判定されたかが表示されます。

「配当還元方式」を適用する場合はこの欄に○が付きます。

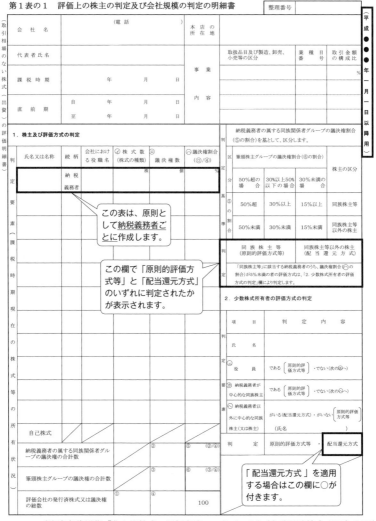

（渡邉定義編著『非上場株式の評価実務ハンドブック』（大蔵財務協会 2018）14頁を参考に作成）

7　預貯金等

原則として、相続開始の日現在の預入残高と相続開始の日現在において解約するとした場合に支払を受けることができる既経過利子の額（源泉徴収されるべき税額に相当する額を差し引いた金額）との合計額により評価します。

8　家庭用財産・自動車

原則として、類似品の売買価額や専門家の意見などを参考に評価します。

9　書画・骨とう等

原則として、類似品の売買価額や専門家の意見などを参考に評価します。

10　電話加入権

原則として、相続開始の日の取引価額又は標準価額（標準価額は国税庁ホームページで確認。）により評価します。

11　配偶者居住権

（注）　令和２年４月１日施行です。

〔イメージ図〕

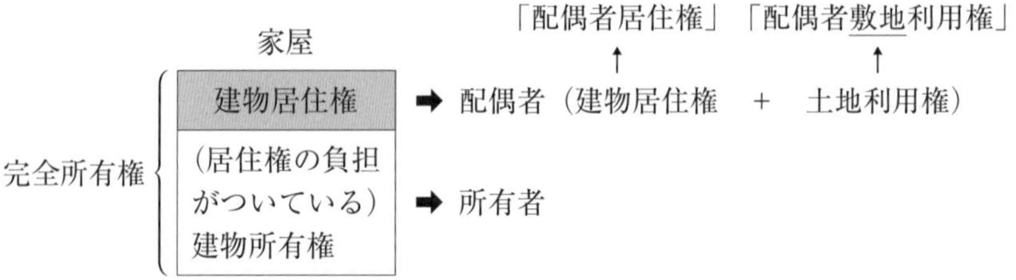

①　建物の相続時評価額（時価）

②　①×（分母の年数－配偶者居住権の存続年数 / 建物（住宅用）の耐用年数×1.5－築後経過年数）×配偶者居住権の存続年数に応じた法定利率による複利現価率(※)

③　①－②＝配偶者居住権の価額

※複利現価は、将来の価値を現在の価値に引き直した価値をいいます。

12　その他

金やプラチナ等は、課税日現在の交換価値である買取価格で評価します。

実務では、信頼ある業者から出される課税日現在の「貴金属相場情報の（買取価格（税込））」で評価する場合が多いと思われます。

第４　相続税・贈与税の特例等

1　小規模宅地等の特例

POINT

◎小規模宅地等の特例の適用のいかんによって、課税価格が大きく変わってくることからその判断は慎重に行う必要があります。

⇒そのためには、事実関係を依頼者からよく聞いて複数の者で判断することも必要です。
例えば、同居親族だけでなく別居親族の有無などについても忘れずに確認することが大切です（確認を怠って税理士損害賠償訴訟になった事例があります。）。

⇒この特例は、そもそも土地の使用形態ごとに、またその土地を引き継ぐ親族ごとに要件や減額割合等が異なってきますので、留意してください。

⇒また、「申告要件」と「手続要件」が詳細に規定されています。

⇒さらに毎年のごとく税制改正が行われますので、適用年ごとに要件を確認することが重要です。

個人が、相続や遺贈によって取得した財産のうち、その相続開始の直前において被相続人又は被相続人と生計を一にしていた被相続人の親族（以下「**被相続人等**」といいます。）の**事業の用**又は**居住の用**に供されていた**宅地等**（土地又は土地の上に存する権利をいいます。）のうち一定のものがある場合には、その宅地等のうち一定の面積までの部分（以下「小規模宅地等」といいます。）については、相続税の課税価格に算入すべき価額の計算上、次の表に掲げる区分ごとに減額します。

なお、相続時精算課税に係る贈与によって取得した宅地等については、この特例の適用を受けることはできません。

小規模宅地等の特例の適用要件と減額割合

<table>
<tr><th colspan="3">相続開始の直前における宅地等の利用区分</th><th colspan="2">要　件</th><th>限度面積</th><th>減額される割合</th></tr>
<tr><td rowspan="5">被相続人等の事業の用に供されていた宅地等</td><td colspan="2">貸付事業以外の事業用の宅地等</td><td>①</td><td>特定事業用宅地等に該当する宅地等</td><td>400 m²</td><td>80%</td></tr>
<tr><td rowspan="4">貸付事業用の宅地等</td><td rowspan="2">一定の法人に貸し付けられ、その法人の事業（貸付事業を除きます。）用の宅地等</td><td>②</td><td>特定同族会社事業用宅地等に該当する宅地等</td><td>400 m²</td><td>80%</td></tr>
<tr><td>③</td><td>貸付事業用宅地等に該当する宅地等</td><td>200 m²</td><td>50%</td></tr>
<tr><td>一定の法人に貸し付けられ、その法人の貸付事業用の宅地等</td><td>④</td><td>貸付事業用宅地等に該当する宅地等</td><td>200 m²</td><td>50%</td></tr>
<tr><td>被相続人等の貸付事業用の宅地等</td><td>⑤</td><td>貸付事業用宅地等に該当する宅地等</td><td>200 m²</td><td>50%</td></tr>
<tr><td colspan="3">被相続人等の居住の用に供されていた宅地等</td><td>⑥</td><td>特定居住用宅地等に該当する宅地等</td><td>330 m²</td><td>80%</td></tr>
</table>

(1) 特定事業用宅地等

相続開始の直前において被相続人等の事業（不動産貸付業、駐車場業、自転車駐車場業及び準事業（注）を除きます。）の用に供されていた宅地等で、次の表の区分に応じ、それぞれの要件の全てに該当する被相続人の親族が相続又は遺贈により取得したものをいいます。

特定事業用宅地等の要件

<table>
<tr><th>区　分</th><th colspan="2">特例の適用要件</th></tr>
<tr><td rowspan="2">被相続人の事業の用に供されていた宅地等</td><td>事業承継要件</td><td>その宅地等の上で営まれていた被相続人の事業を相続税の申告期限までに引き継ぎ、かつ、その申告期限までその事業を営んでいること</td></tr>
<tr><td>保有継続要件</td><td>その宅地等を相続税の申告期限まで有していること</td></tr>
<tr><td rowspan="2">被相続人と生計を一にしていた被相続人の親族の事業の用に供されていた宅地等</td><td>事業継続要件</td><td>相続開始の直前から相続税の申告期限まで、その宅地等の上で事業を営んでいること</td></tr>
<tr><td>保有継続要件</td><td>その宅地等を相続税の申告期限まで有していること</td></tr>
</table>

（注）「準事業」とは、事業と称するに至らない不動産の貸付けその他これに

類する行為で相当の対価を得て継続的に行うものをいいます。

(2) 特定同族会社事業用宅地等

相続開始の直前から相続税の申告期限まで一定の法人の事業（不動産貸付業、駐車場業、自転車駐車場業及び準事業を除きます。）の用に供されていた宅地等で、次の表の要件の全てに該当する被相続人の親族が相続又は遺贈により取得したものをいいます。

特定同族会社事業用宅地等の要件

区　分	特例の適用要件	
一定の法人の事業の用に供されていた宅地等	法人役員要件	相続税の申告期限においてその法人の役員（法人税法第2条第15号に規定する役員（清算人を除きます。）をいいます。）であること
	保有継続要件	その宅地等を相続税の申告期限まで有していること

（注）　一定の法人とは、相続開始の直前において被相続人及び被相続人の親族等が法人の発行済株式の総数又は出資の総額の50％超を有している場合におけるその法人（相続税の申告期限において清算中の法人を除きます。）をいいます。

①　被相続人の親族等とは、被相続人の親族及びその被相続人と措置法令第40条の2第13項に定める特別の関係がある者をいいます。

②　発行済株式の総数又は出資の総額には、法人の株主総会又は社員総会において議決権を行使できる事項の全部について制限された措置法規則第23条の2第6項又は第7項に規定する株式又は出資は含まれません。

(3) 特定居住用宅地等

相続開始の直前において被相続人等の居住の用に供されていた宅地等で、次の表の区分に応じ、それぞれに掲げる要件に該当する被相続人の親族が相続又は遺贈により取得したものをいいます。

特定居住用宅地等の要件

<table>
<tr><th rowspan="2">区　分</th><th colspan="2">特例の適用要件</th></tr>
<tr><th>取得者</th><th>取得者ごとの要件</th></tr>
<tr><td rowspan="3">被相続人の居住の用に供されていた宅地等</td><td>被相続人の配偶者</td><td>なし</td></tr>
<tr><td>被相続人の居住の用に供されていた一棟の建物に居住していた親族（同居親族）</td><td>相続開始の直前から相続税の申告期限まで引き続きその建物に居住し、かつ、その宅地等を相続開始時から相続税の申告期限まで有していること</td></tr>
<tr><td>上記以外の親族（別居親族）</td><td>次の（1）から（6）の要件を全て満たすこと
(1)　居住制限納税義務者又は非居住制限納税義務者のうち日本国籍を有しない者ではないこと
(2)　被相続人に配偶者がいないこと
(3)　相続開始の直前において被相続人の居住の用に供されていた家屋に居住していた被相続人の相続人（相続の放棄があった場合には、その放棄がなかったものとした場合の相続人）がいないこと
(4)　相続開始前３年以内に日本国内にある取得者、取得者の配偶者、取得者の３親等内の親族又は取得者と特別の関係がある一定の法人が所有する家屋（相続開始の直前において被相続人の居住の用に供されていた家屋を除きます。）に居住したことがないこと
(5)　相続開始時に、取得者が居住している家屋を相続開始前のいずれの時においても所有していたことがないこと
(6)　その宅地等を相続開始時から相続税の申告期限まで有していること</td></tr>
<tr><td rowspan="2">被相続人と生計を一にしていた被相続人の親族の居住の用に供されていた宅地等</td><td>被相続人の配偶者</td><td>なし</td></tr>
<tr><td>被相続人と生計を一にしていた親族</td><td>相続開始前から相続税の申告期限まで引き続きその家屋に居住し、かつ、その宅地等を相続税の申告期限まで有していること</td></tr>
</table>

(4) 貸付事業用宅地等

相続開始の直前において被相続人等の事業（不動産貸付業、駐車場業、自転車駐車場業及び準事業（注１）に限ります。）の用に供されていた宅地等（平成30年４月１日以後の相続又は遺贈により取得した宅地等については、その相続の開始前３年以内に新たに貸付事業の用に供された宅地等を除きます。）で、次の表の区分に応じ、それぞれの要件の全てに該当する被相続人の親族が相続又は遺贈により取得したものをいいます。

貸付事業用宅地等の要件

区　分	特例の適用要件	
被相続人の貸付事業の用に供されていた宅地等	事業承継要件	その宅地等に係る被相続人の貸付事業を相続税の申告期限までに引き継ぎ、かつ、その申告期限までその貸付事業を行っていること
	保有継続要件	その宅地等を相続税の申告期限まで有していること
被相続人と生計を一にしていた被相続人の親族の貸付事業の用に供されていた宅地等	事業継続要件	相続開始前から相続税の申告期限まで、その宅地等に係る貸付事業を行っていること
	保有継続要件	その宅地等を相続税の申告期限まで有していること

（注1）「準事業」とは、事業と称するに至らない不動産の貸付けその他これに類する行為で相当の対価を得て継続的に行うものをいいます。

（注2）相続開始前3年以内に新たに貸付事業の用に供された宅地等であっても、相続開始の日まで3年を超えて引き続き特定貸付事業（貸付事業のうち準事業以外のものをいいます。）を行っていた被相続人等のその特定貸付事業の用に供された宅地等については、「3年以内貸付宅地等」に該当しません。

（注3）平成30年4月1日から令和3年3月31日までの間に相続又は遺贈により取得した宅地等のうち、平成30年3月31日までに貸付事業の用に供された宅地等については、「3年以内貸付宅地等」に該当しません。

2　特定計画山林の特例

特定計画山林相続人等が、相続、遺贈や相続時精算課税に係る贈与によって取得した特定計画山林でこの特例の適用を受けるものとして選択したもの（以下「選択特定計画山林」といいます。）について、その相続、遺贈や贈与に係る相続税の申告期限まで引き続きその選択特定計画山林の全てを有している場合（これに準ずる場合を含みます。）には、相続税の課税価格に算入すべき価額の計算上、5% を減額します。

この特例は、「山林についての相続税の納税猶予及び免除」の適用を受ける場合には適用を受けることができません。

(注)　一定の場合には、この特例と「特定受贈同族会社株式等に係る特定事業用資産の特例」を併用して適用を受けることができます。

<table>
<tr><th colspan="2">特定計画山林</th><th>特定計画山林相続人等</th></tr>
<tr><td rowspan="2">森林経営計画が定められている区域内に存する山林（立木又は土地等をいいます。）</td><td>(1) 相続や遺贈によって取得した「特定森林経営計画対象山林」</td><td>相続や遺贈によって左の財産 (1) を取得した個人で、次に掲げる全ての要件を満たすものをいいます。
①　被相続人の親族であること
②　相続開始の時から相続税の申告期限まで引き続き選択特定計画山林である特定森林経営計画対象山林について市町村長等の認定を受けた森林経営計画に基づき施業を行っていること</td></tr>
<tr><td>(2) 贈与（贈与税の期限内申告の際に一定の届出をしたものに限ります。）によって取得した「特定受贈森林経営計画対象山林」</td><td>被相続人から贈与によって左の財産 (2) を取得した個人で次に掲げる全ての要件を満たすものをいいます。
①　左の財産 (2) に係る相続時精算課税適用者であること
②　贈与の時から相続税の申告期限まで引き続き選択特定計画山林である特定受贈森林経営計画対象山林について市町村長等の認定を受けた森林経営計画に基づき施業を行っていること</td></tr>
</table>

3　小規模宅地等の特例及び特定計画山林の特例の併用等

「小規模宅地等の特例」の適用を受ける宅地等について次の①の算式により計算した面積 (a) が 200 m^2 に満たない場合には、特定（受贈）森林経営計画対象山林である特定計画山林について、②に定める算式により計算した価額を限度に「特定計画山林の特例」の適用を受けることができます。

① $a = A \times \frac{200}{400} + B \times \frac{200}{330} + C$

② $D \times \frac{200\,m^2 - a}{200\,m^2}$

上記の算式中の符号は、次のとおりです。

A：「特定事業用宅地等」、「特定同族会社事業用宅地等」の面積の合計

B：「特定居住用宅地等」の面積の合計

C：「貸付事業用宅地等」の面積の合計

D：特定（受贈）森林経営計画対象山林である特定計画山林の評価額の合計

（注）一定の場合には、①「小規模宅地等の特例」と「特定事業用資産の特例」の適用、②「特定計画山林の特例」と「特定事業用資産の特例」の適用、③「小規模宅地等の特例」、「特定計画山林の特例」と「特定事業用資産の特例」との適用を受けることができます。

4　特定受贈同族会社株式等に係る特定事業用資産の特例

個人が、平成21年3月31日以前に相続時精算課税に係る贈与によって取得した特定受贈同族会社株式等でこの特例の適用を受けるものとして選択したものについて、平成21年改正前の措置法第69条の5に規定する要件を満たす場合には、相続税の課税価格に算入すべき価額の計算上、10％を減額します（減額される金額は1億円を限度とします。）。

なお、被相続人から相続、遺贈や相続時精算課税に係る贈与により財産を取得したいずれかの人が、その被相続人から相続時精算課税に係る贈与により取得した一定の株式又は出資について、平成21年改正前の措置法第70条の3の3第1項又は第70条の3の4第1項の規定の適用を受けた場合には、この特例の適用を受けることはできません。

また、非上場株式等についての相続税の納税猶予及び免除の適用を受け

た人は、納税猶予の特例の適用を受ける非上場株式等に係る会社と同一の会社の株式又は出資について、この特例の適用を受けることはできません。

（注）　一定の場合には、この特例と「小規模宅地等の特例」又は「特定計画山林の特例」とを併用して適用を受けることができます。

５　農地等についての相続税の納税猶予及び免除等

農業を営んでいた被相続人又は特定貸付け等を行っていた被相続人から一定の相続人（農業相続人）が一定の農地等を相続や遺贈によって取得し、農業を営む場合又は特定貸付け等を行う場合には、一定の要件の下にその取得した農地等の価額のうち農業投資価格による価額を超える部分に対応する相続税額は、その取得した農地等について農業相続人が農業の継続又は特定貸付け等を行っている場合に限り、その納税が猶予されます。

（注）　農業投資価格は、国税庁ホームページで確認できます。

６　非上場株式等についての贈与税・相続税の納税猶予及び免除の特例等

この特例等には、特例措置と一般措置の２つの制度があります。

なお、特例措置については、平成30（2018）年１月１日から令和９（2027）年12月31日までの10年間の制度とされています。

特例措置と一般措置の比較

	特例措置	一般措置
事前の計画策定等	５年以内の特例承継計画の提出 【平成30年４月１日から 令和５年３月31日まで】	不要
適用期限	10年以内の相続等・贈与 【平成30年１月１日から 令和９年12月31日まで】	なし
対象株数	全株式	総株式数の最大３分の２まで
納税猶予割合	100％	相続等：80％、贈与：100％

承継パターン	複数の株主から 最大3人の後継者	複数の株主から1人の後継者
雇用確保要件	弾力化	承継後5年間 平均8割の雇用維持が必要
事業の継続が困難な事由が生じた場合の免除	譲渡対価の額等に基づき再計算した猶予税額を納付し、従前の猶予税額との差額を免除	なし （猶予税額を納付）
相続時精算課税の適用	60歳以上の贈与者から20歳以上の者への贈与（措法70条の2の8等）	60歳以上の贈与者から20歳以上の推定相続人（直系卑属）・孫への贈与（相法21条の9、措法70条の2の6）

7　山林についての相続税の納税猶予及び免除

特定森林経営計画が定められている区域内に存する山林（立木又は土地）を有していた一定の被相続人から相続又は遺贈により特例施業対象山林の取得をした一定の相続人（林業経営相続人）が、自ら山林の経営（施業又はその施業と一体として行う保護をいいます。）を行う場合には、その林業経営相続人が納付すべき相続税のうち、特例山林に係る課税価格の80％に対応する相続税の納税が猶予されます（山林納税猶予税額）。

この山林納税猶予税額は、林業経営相続人が死亡した場合にはその納税が免除されます。なお、免除に際しては、その死亡した日から同日以後6か月を経過する日までに、一定の書類を税務署に提出する必要があります。

また、山林納税猶予税額が免除されるときまでに、特例山林について山林経営の廃止、譲渡、転用などの一定の事由等が生じた場合には、山林納税猶予税額の全部又は一部について納税の猶予が打ち切られ、その税額と利子税を納付しなければなりません。

8　医療法人の持分についての相続税の納税猶予及び免除・税額控除

相続人等が、医療法人の持分を被相続人から相続又は遺贈により取得した場合において、その医療法人が相続税の申告期限において認定医療法人であるときは、納付すべき相続税のうち、この特例の適用を受ける持分の価額に対応する相続税については、一定の要件を満たすことにより、認定移行計画に記載された移行期限まで、その納税が猶予されます（医療法人持分納税猶予税額）。

この医療法人持分納税猶予税額は、一定の要件に該当したときには、その全部又は一部が免除されます。

9　特定の美術品についての相続税の納税猶予及び免除

「寄託先美術館」の設置者と「特定美術品」の「寄託契約」を締結し、「認定保存活用計画」に基づきその特定美術品をその寄託先美術館の設置者に寄託していた者（被相続人）から相続又は遺贈によりその特定美術品を取得した一定の相続人（寄託相続人）が、その特定美術品の寄託先美術館の設置者への寄託を継続する場合には、その寄託相続人が納付すべき相続税の額のうち、その特定美術品に係る課税価格の80％に対応する相続税の納税が猶予されます（美術品納税猶予税額）。

この美術品納税猶予税額は、次のいずれかに該当することとなった場合には免除されます。

〔免除される場合〕

①　寄託相続人が死亡した場合

②　特定美術品を寄託先美術館の設置者に贈与した場合

③　特定美術品が災害により滅失した場合

〔参考〕相続税申告手続参考資料

Ⅰ　被相続人・相続人関係資料

	必要書類	収集場所等	
被相続人に関する必要資料	遺言書の写し		※作成している場合
	戸籍謄本又は「法定相続人情報一覧図の写し」	本籍地の市区町村役場	※出生から死亡まで（全ての相続人の把握のため）
	住民票の除票	住所地の市区町村役場	
	被相続人の略歴書	相続人作成	
	所得税の確定申告書（控）		※過去年分も（3年分位）
	前の相続時の相続税申告書（控）		※相次相続控除適用時等
相続人に関する必要資料	全員の戸籍謄本又は図形式の法定相続情報一覧図の写し	本籍地の市区町村役場 法務局	※遺産を相続しない人も
	全員の住民票	住所地の市区町村役場	※遺産を相続しない人も
	遺産分割協議書の写し		※全員の印鑑証明書も（できれば6か月以内のもの）
	全員の個人番号（マイナンバー）		
	生前の贈与税申告書（控）		
相続時精算課税適用者	被相続人の戸籍の附票の写し又はそのコピー		※相続開始の日以後に作成されたもの。ただし、相続時精算課税適用者が平成27年1月1日において20歳未満の者である場合には提出不要。
	相続時精算課税適用者の戸籍の附票の写し又はそのコピー		※同上

Ⅱ　財産関係資料

	必要書類	収集場所等	
不動産関係	固定資産税課税明細書又は名寄帳	所在地の市区町村役場	※被相続人所有の全ての不動産
	登記事項証明書	法務局	※最寄りの法務局（出張所）でとれます。（共有・区分所有の有無の確認）
	公図	法務局	
	地積測量図	法務局	
	建物図面	法務局	
	住宅地図	図書館ほか	
	賃貸借契約書		※被相続人が賃貸や賃借しているもの全て

	必要書類	収集場所等	
預貯金関係	残高証明書	金融機関	※相続開始日のもの
	通帳コピー		※相続前５年分以上
	定期性預貯金証書コピー		
	定期預金等の利息計算書	金融機関	※相続開始日の税引後解約利息
	家族名義の通帳コピー		※被相続人に帰属するもの
上場株式関係	残高証明書	証券会社	※相続開始日のもの
	取引報告書		
	配当金通知書		
非上場株式関係	法人申告書（決算書等）等関係書類一式	発行会社	※直前３期分
生命保険金関係	保険金支払明細書	保険会社	
	保険証券のコピー	保険契約者	※被相続人が保険料を負担しているもの全て
	解約返戻金証明書	保険会社	※相続開始日のもの
退職手当金関係	退職金支払調書		
その他財産関係	現物、契約書等		※ゴルフ会員権、書画・骨とう等 ※貴金属

Ⅲ　債務・葬式関係資料

	必要書類	収集場所等	
債務に関する必要資料	金銭消費貸借契約書		※借入金残高証明書を債権者（金融機関等）から収集
	税金等の納税通知書、納付書		※所得税、住民税、固定資産税等の未払税金
	医療費等の領収書		※未払医療費
	その他請求書		※相続開始日未払いのもの（預り敷金等）
葬式費用に関する必要資料	葬式費用の明細、領収書、その他メモ		
	戒名料、お布施等のメモ等		

相続税額の概算額

課税価格	配偶者がいる場合				配偶者がいない場合			
	子1人	子2人	子3人	子4人	子1人	子2人	子3人	子4人
4,000万円	0万円	0万円	0万円	0万円	40万円	0万円	0万円	0万円
5,000万円	40万円	10万円	0万円	0万円	160万円	80万円	20万円	0万円
6,000万円	90万円	60万円	30万円	0万円	310万円	180万円	120万円	60万円
7,000万円	160万円	113万円	80万円	50万円	480万円	320万円	220万円	160万円
8,000万円	235万円	175万円	138万円	100万円	680万円	470万円	330万円	260万円
9,000万円	310万円	240万円	200万円	163万円	920万円	620万円	480万円	360万円
1億円	385万円	315万円	263万円	225万円	1,220万円	770万円	630万円	490万円
1億5,000万円	920万円	748万円	665万円	588万円	2,860万円	1,840万円	1,440万円	1,240万円
2億円	1,670万円	1,350万円	1,218万円	1,125万円	4,860万円	3,340万円	2,460万円	2,120万円
2億5,000万円	2,460万円	1,985万円	1,800万円	1,688万円	6,930万円	4,920万円	3,960万円	3,120万円
3億円	3,460万円	2,860万円	2,540万円	2,350万円	9,180万円	6,920万円	5,460万円	4,580万円
3億5,000万円	4,460万円	3,735万円	3,290万円	3,100万円	1億1,500万円	8,920万円	6,980万円	6,080万円
4億円	5,460万円	4,610万円	4,155万円	3,850万円	1億4,000万円	1億920万円	8,980万円	7,580万円
4億5,000万円	6,480万円	5,493万円	5,030万円	4,600万円	1億6,500万円	1億2,960万円	1億980万円	9,080万円
5億円	7,605万円	6,555万円	5,963万円	5,500万円	1億9,000万円	1億5,210万円	1億2,980万円	1億1,040万円
5億5,000万円	8,730万円	7,618万円	6,900万円	6,438万円	2億1,500万円	1億7,460万円	1億4,980万円	1億3,040万円
6億円	9,855万円	8,680万円	7,838万円	7,375万円	2億4,000万円	1億9,710万円	1億6,980万円	1億5,040万円
6億5,000万円	1億1,000万円	9,745万円	8,775万円	8,313万円	2億6,570万円	2億2,000万円	1億8,990万円	1億7,040万円
7億円	1億2,250万円	1億870万円	9,885万円	9,300万円	2億9,320万円	2億4,500万円	2億1,240万円	1億9,040万円
7億5,000万円	1億3,500万円	1億1,995万円	1億1,010万円	1億300万円	3億2,070万円	2億7,000万円	2億3,490万円	2億1,040万円
8億円	1億4,750万円	1億3,120万円	1億2,135万円	1億1,300万円	3億4,820万円	2億9,500万円	2億5,740万円	2億3,040万円
8億5,000万円	1億6,000万円	1億4,248万円	1億3,260万円	1億2,300万円	3億7,570万円	3億2,000万円	2億7,990万円	2億5,040万円
9億円	1億7,250万円	1億5,435万円	1億4,385万円	1億3,400万円	4億320万円	3億4,500万円	3億240万円	2億7,270万円
9億5,000万円	1億8,500万円	1億6,623万円	1億5,510万円	1億4,525万円	4億3,070万円	3億7,000万円	3億2,500万円	2億9,520万円
10億円	1億9,750万円	1億7,810万円	1億6,635万円	1億5,650万円	4億5,820万円	3億9,500万円	3億5,000万円	3億1,770万円
11億円	2億2,250万円	2億185万円	1億8,885万円	1億7,900万円	5億1,320万円	4億4,500万円	4億円	3億6,270万円
12億円	2億4,750万円	2億2,560万円	2億1,135万円	2億150万円	5億6,820万円	4億9,500万円	4億5,000万円	4億770万円
13億円	2億7,395万円	2億5,065万円	2億3,500万円	2億2,450万円	6億2,320万円	5億4,790万円	5億円	4億5,500万円
14億円	3億145万円	2億7,690万円	2億6,000万円	2億4,825万円	6億7,820万円	6億290万円	5億5,000万円	5億500万円
15億円	3億2,895万円	3億315万円	2億8,500万円	2億7,200万円	7億3,320万円	6億5,790万円	6億円	5億5,500万円
16億円	3億5,645万円	3億2,940万円	3億1,000万円	2億9,575万円	7億8,820万円	7億1,290万円	6億5,000万円	6億500万円
17億円	3億8,395万円	3億5,565万円	3億3,500万円	3億2,000万円	8億4,320万円	7億6,790万円	7億円	6億5,500万円
18億円	4億1,145万円	3億8,190万円	3億6,000万円	3億4,500万円	8億9,820万円	8億2,290万円	7億5,000万円	7億500万円
19億円	4億3,895万円	4億815万円	3億8,558万円	3億7,000万円	9億5,320万円	8億7,790万円	8億260万円	7億5,500万円
20億円	4億6,645万円	4億3,440万円	4億1,183万円	3億9,500万円	10億820万円	9億3,290万円	8億5,760万円	8億500万円
21億円	4億9,395万円	4億6,065万円	4億3,808万円	4億2,000万円	10億6,320万円	9億8,790万円	9億1,260万円	8億5,500万円

課税価格	配偶者がいる場合				配偶者がいない場合			
	子１人	子２人	子３人	子４人	子１人	子２人	子３人	子４人
22億円	5億2,145万円	4億8,690万円	4億6,433万円	4億4,500万円	11億1,820万円	10億4,290万円	9億6,760万円	9億500万円
23億円	5億4,895万円	5億1,315万円	4億9,058万円	4億7,000万円	11億7,320万円	10億9,790万円	10億2,260万円	9億5,500万円
24億円	5億7,645万円	5億3,940万円	5億1,683万円	4億9,500万円	12億2,820万円	11億5,290万円	10億7,760万円	10億500万円
25億円	6億395万円	5億6,630万円	5億4,308万円	5億2,050万円	12億8,320万円	12億790万円	11億3,260万円	10億5,730万円
26億円	6億3,145万円	5億9,380万円	5億6,933万円	5億4,675万円	13億3,820万円	12億6,290万円	11億8,760万円	11億1,230万円
27億円	6億5,895万円	6億2,130万円	5億9,558万円	5億7,300万円	13億9,320万円	13億1,790万円	12億4,260万円	11億6,730万円
28億円	6億8,645万円	6億4,880万円	6億2,183万円	5億9,925万円	14億4,820万円	13億7,290万円	12億9,760万円	12億2,230万円
29億円	7億1,395万円	6億7,630万円	6億4,808万円	6億2,550万円	15億320万円	14億2,790万円	13億5,260万円	12億7,730万円
30億円	7億4,145万円	7億380万円	6億7,433万円	6億5,175万円	15億5,820万円	14億8,290万円	14億760万円	13億3,230万円

（注１）　課税価格＝相続財産－債務・葬式費用

（注２）　配偶者の税額軽減を法定相続分まで適用するものとします。つまりこの表は、配偶者が遺産の２分の１を取得した場合の計算です。税額控除は、配偶者の税額軽減以外には考慮していません。

（注３）　法定相続人の中に相続を放棄した者があるときは、その放棄がなかったものとした場合の相続人の数です。

（注４）　養子がある場合には、養子の数は、実子がある場合には１人、実子がない場合には２人までに制限されます。ただし、税負担回避の養子は認められません。

（注５）　相続割合は小数点以下、相続税額は１万円未満を四捨五入しました。

相続税の税額表

法定相続分に応ずる取得金額		税率	控除額
	1,000万円以下	10%	―
1,000万円超	3,000万円以下	15%	50万円
3,000万円超	5,000万円以下	20%	200万円
5,000万円超	1億円以下	30%	700万円
1億円超	2億円以下	40%	1,700万円
2億円超	3億円以下	45%	2,700万円
3億円超	6億円以下	50%	4,200万円
6億円超		55%	7,200万円

（注）　相続税法第16条参照。

第５　相続税の納付

１　相続税の納付期限―期限までに納付できない場合

相続開始後、申告書作成に合わせて、納税資金の捻出、その納期限にも留意する必要があります。仮に、納期限までに納付がなされない場合、「延滞税」が課されることになります。

また、相続税の納付方法として、金銭で一時に納付できない場合、延納、物納の納付制度を検討する必要があります。

POINT

◎納期限まで納付資金を捻出する必要があります。
◎一時納付困難な場合の延納、物納制度の活用を検討します。
◎納付書は、被相続人の住所地を管轄する税務署を記載し、「住所」、「氏名」欄は、被相続人と相続人（納付する人）の住所、氏名を２段に並べて書きます。

（1）納期限の確認

相続税の納期限は、各区分において次のとおりです。

①　期限内申告…申告期限

（注）　相続税の申告書の提出期限は、相続の開始があったことを知った日（通常の場合は、被相続人の死亡の日）の翌日から10か月目の日です。

②　更正又は決定…更正又は決定の通知が発せられた日の翌日から起算して１か月を経過する日

③　期限後申告又は修正申告…申告書の提出の日

（2）延滞税

上記（1）の期限までに、納付がなされない場合、法定納期限の翌日から「延滞税」が課されます。

延滞税は、次の算式により計算される金額となります。

$$\frac{\text{納付すべき本税の額（注1）} \times \text{延滞税の割合（注2）} \times \text{期間（日数）（注3）}}{365\text{日}} = \text{延滞税の額（注4）}$$

（注1）　本税の額が1万円未満の場合には、延滞税を納付する必要はありません。

また、本税の額に1万円未満の端数があるときは、これを切り捨てて計算します。

（注2）　延滞税の割合

①納期限等の翌日から2か月を経過する日まで…年「7.3%」と「特例基準割合※+1%」のいずれか低い割合

②納期限等の翌日から2か月を経過する日の翌日以後…年「14.6%」と「特例基準割合※+7.3%」のいずれか低い割合

※特例基準割合とは、各年の前々年の10月から前年の9月までの各月における銀行の新規の短期貸出約定平均金利の合計を12で除して得た割合として前年の12月15日までに財務大臣が告示する割合に、年1%の割合を加算した割合です。

（注3）　法定納期限の翌日から完納の日までの期間となります。

（注4）　計算した延滞税の額が1,000円未満となる場合は納付する必要はありません。

また、その額が1,000円以上の場合、100円未満の端数を切り捨てします。

〔参考〕具体的な延滞税の割合

	納期限等の翌日から 2か月を経過する日まで	納期限等の翌日から 2か月を経過する日の翌日以後
平成29年1月1日 ～平成29年12月31日	2.7%	9.0%
平成30年1月1日 ～令和元年12月31日	2.6%	8.9%

(3) 納付方法の選択

相続税の納付の方法には、①金銭による一括納付、②年賦による分割納付（延納）及び③相続財産による納付（物納）があります。

税理士としては、相続財産の状況や申告者が所有している財産の状況、収入や支出の状況及び近い将来（おおむね１年以内をいいます。）における臨時的な収入や支出の状況を踏まえて、納付資力の確認を行うとともに、延納又は物納の要件を備えているかどうかなどを総合的に勘案して、相続税額を納期限等までに納付する方法を確認する必要があります。

ここで、各制度の概要をみてみましょう。

①　金銭納付（原則）

納付方法の検討に当たっては、まず、金銭による納付の可否を検討します。

納期限等までに金銭によりその相続税の全額を納付できるかどうか又は納期限等までに納付できる金額はいくらかを算定してください。

納付は、最寄りの金融機関（日本銀行歳入代理店）又は相続税の申告書を提出された税務署で納付してください。

②　延納による金銭納付（特例）

納期限等までに金銭で一時に納付することが困難な場合には、その困難な金額を限度として、一定の要件の下で、年賦による分割納付（**延納**）を行うことができます。

延納のできる期間は、課税相続財産に占める不動産等の割合に応じて５年～20年間となっています。

また、この延納する相続税額に対しては利子税がかかります。

（注）　延納の許可を受けた後に延納を継続することが困難となった場合には、一定の要件の下で物納（特定物納）に変更することができます。

③　物納（例外）

延納によっても金銭で納付することが困難な場合は、その困難な金額を限度として、一定の要件の下で、相続財産による納付（**物納**）を行うことができます。

〔参考〕金銭納付・延納・物納の特徴

	金銭納付	延　納	物　納
納付方法	納期限までに金銭納付	各延納期限に金銭納付	相続財産による納付
担保提供	―	担保の提供	―
遅延利息等	納期限後は「延滞税」	延納期間は「利子税」	物納許可により原則
各制度の要件	・期限内納付	・要件により許可 ・納付困難事由 ・最長20年の分割納付 ・担保提供	・厳格な要件により許可 ・延納によっても金銭納付が困難である事由 ・物納適格財産の提出

2　相続税特有の連帯納付義務

相続税特有の制度として、相続人の中で、相続税を納付できず滞納となった場合、他の相続人等が相続等により受けた利益を限度として、互いに連帯して納付する、連帯納付責任を追及される場合があります（【事例63】参照）。

POINT

◎各相続人が互いに責任を負うことから、全ての相続人の納付状況にも留意しておくことが必要です。

(1) 連帯納付義務

連帯納付義務とは、相続税の納付については、次の場合を除き、各相続人等が相続又は遺贈により受けた利益の価額に相当する金額を限度として、お互いに連帯して納付しなければならないことをいいます（相法34条1項）。

① 本来の納税義務者の相続税の申告書の提出期限等から5年以内に、相続税法第34条第6項に規定する「**納付通知書**」が発せられていない場合の相続税

② 本来の納税義務者が延納の許可を受けた相続税額に係る相続税であ

る場合

③　本来の納税義務者が農地などの相続税の納税猶予の適用を受けた相続税額に係る相続税である場合

このため、相続人の中の１人でも相続税を納付しない場合には、他の相続人は、（自身の相続税の納付が済んでいても）納付していない相続人の相続税や延滞税などについて、納付を求められることになります。

また、贈与税の納税についても、受贈者が贈与税を納付していない場合には、贈与者は贈与した財産の価額に相当する金額を限度として連帯して納付しなければならない義務があります（相法34条４項）。

(2) 連帯納付義務に関する手続等

相続税法第34条第１項による連帯納付義務に関する手続等については、次のとおりです。

①　相続税について督促状が発せられて１か月を経過しても完納されない場合には、連帯納付義務者に対して「**完納されていない旨等のお知らせ**」が送付されます（相法34条５項）。

②　連帯納付義務者に対して納付を求める場合には、連帯納付義務者に納付すべき金額や納付場所等を記載した「**納付通知書**」が送付されます（相法34条６項）。

③　納付通知書が送付された日から２か月を経過しても完納されない場合は、連帯納付義務者に対して「**督促状**」が送付されます（相法34条７項）。

〔連帯納付義務の履行を求める手続〕

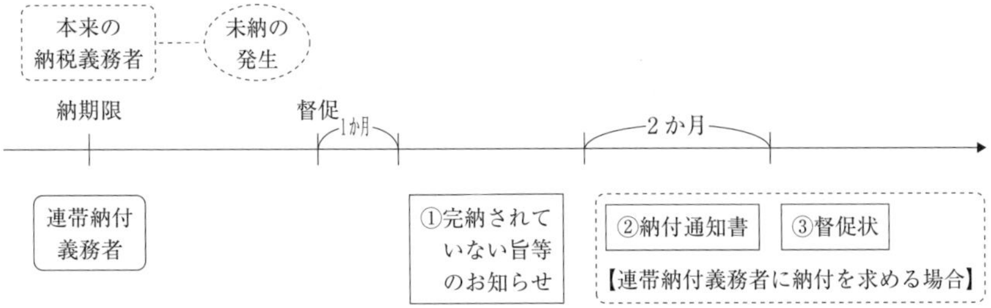

(3) 連帯納付義務者が納付する場合の延滞税の軽減等

連帯納付義務者が相続税法第34条第1項の規定による連帯納付義務に係る相続税に併せて納付する場合の延滞税は軽減され、原則として延滞税に代えて利子税を納付することとなります。

（注）　本来の納税義務者の延滞税の額が軽減されるものではありません。

〔参考裁決〕

○相続税法第34条第6項に規定する連帯納付義務の納付通知処分が適法であるとされた事例（連帯納付義務の納付通知処分・棄却・平成26年6月25日裁決）

《要旨》

請求人は、本来の納税義務者には滞納相続税を納付できる十分な資力等があり、同人から徴収することが極めて容易であるにもかかわらず、原処分庁が請求人に対して恣意的に相続税法第34条《連帯納付の義務等》第6項に規定する連帯納付義務の納付通知処分を行ったことは徴収権の濫用に当たる旨主張する。

しかしながら、同条第1項に規定する連帯納付義務は補充性を有しないのであって、連帯納付義務者は第二次納税義務等のように本来の納税義務者に滞納処分を執行しても徴収すべき額に不足すると認められる場合に限って納付義務を負担するというものではない。したがって、原処分庁が徴収手続を怠った結果、本来の納税義務者から滞納相続税を徴収することができなくなったという事実があったとしても、同人又は第三者の利益を図る目的をもって恣意的にその滞納相続税の徴収を行わず、他の相続人に対して徴収処分をしたというような事情がない限り、徴収権の濫用には当たらない。本件の場合、このような事情は認められないことから、請求人の主張は採用することができない。

３　延納制度の活用―金銭による分割納付

納期限等までに金銭で一時に納付することが困難な場合には、その困難な金額を限度として、一定の要件の下で、年賦による分割納付を行うことができます。これを「延納」といいます。

POINT

◎延納が許可されるためには、延納担保となる財産が次の（2）の要件を備えていることが必要ですので、依頼者の財産の状況・権利関係等を十分に踏まえて延納担保とする財産を選定してください。

(1) 延納の要件

延納の要件は以下のとおりです。

①相続税額が10万円を超えていること

②金銭で納付することが困難な金額の範囲内であること

③「延納申請書」及び「担保関係書類」を期限までに提出すること

④延納税額に相当する担保を提供すること

(2) 担保財産の選定

延納が許可されるためには、延納担保となる財産が次の要件を備えておくことが必要です。財産の状況、権利関係等を十分に踏まえて延納担保とする財産を選定することが求められます。

①担保として提供できる財産の種類であること

②担保として不適格な事由がないこと

③必要担保額を充足していること

①　担保として提供できる財産

担保として提供できる財産は、次に掲げる財産であり、この中からなるべく処分の容易なもので、価額の変動のおそれが少ないものを選択します。

なお、延納の担保は、相続等により取得した財産及び贈与を受けた財産に限らず、相続人等の固有の財産や共同相続人又は第三者が所有している財産であっても差し支えありませんが、その担保に係る国税を徴収できる金銭的価値を有するものでなければなりません。

①国債及び地方債

②社債（特別の法律により設立された法人が発行する債券を含みます。）その他の有価証券で税務署長等が確実と認めるもの

③土地

④建物、立木及び登記・登録される船舶、飛行機、回転翼航空機、自動車、建設機械で、保険に附したもの

⑤鉄道財団、工場財団、鉱業財団、軌道財団、運河財団、漁業財団、港湾運送事業財団、道路交通事業財団及び観光施設財団

⑥税務署長等が確実と認める保証人の保証

②　担保不適格財産

担保となる財産は、その担保に係る国税を徴収できる金銭価値を有するものでなければならないことから、一般的に次に掲げるようなものは担保として不適格とされます。

①法令上担保権の設定又は処分が禁止されているもの

②違法建築、土地の違法利用のため建物除去命令等がされているもの

③共同相続人間で所有権を争っている場合など、係争中のもの

④売却できる見込みのないもの

⑤共有財産の持分（共有者全員が持分全部を提供する場合を除きます。）

⑥担保に係る国税の附帯税を含む全額を担保としていないもの

⑦担保の存続期間が延納期間より短いもの

⑧第三者又は法定代理人等の同意が必要な場合に、その同意が得られないもの

③　延納に係る必要担保額

延納に係る必要担保額は、次の算式により計算します。

延納税額　＋　第１回目の分納期間に係る利子税の額　×　３
（第１回目の分納期間が１年に満たないときは１年として計算した額）

(3) 延納担保の見積価額

延納担保の見積価額は、国債及び保証人の保証を除き、時価を基準にします。

有価証券及び不動産については、担保の提供期間中に予測される価額の変動や価値の減耗を考慮した金額をもって担保の見積価額とします。

担保の見積価額

国債	原則として、券面金額
有価証券	地方債、社債及び株式その他の有価証券については、評価の８割以内において担保提供期間中に予想される価額変動を考慮した金額
土地	時価の８割以内において適当と認める金額
建物・立木及び各種財団	時価の７割以内において担保提供期間中に予想される価額の減耗等を考慮した金額
保証人の保証	延納税額が不履行（滞納）となった場合に、保証人から徴収（保証人の財産を滞納処分の例により換価することによる弁済を含みます。）することができると見込まれる金額

(4) 延納期間と延納利子税割合

令和２年中に開始する分納期間に適用される延納利子税の特例割合は、次のとおりです。

区　分			延納期間（最高）	延納利子税割合（年割合）	特例割合（※）
	不動産等の割合が 75% 以上の場合	①動産等に係る延納相続税額	10 年	5.4%	1.1%
		②不動産等に係る延納相続税額（③を除きます。）	20 年	3.6%	0.7%
		③森林計画立木の割合が 20% 以上の森林計画立木に係る延納相続税額	20 年	1.2%	0.2%

相続税	不動産等の割合が50%以上75%未満の場合	④動産等に係る延納相続税額	10年	5.4%	1.1%
		⑤不動産等に係る延納相続税額（⑥を除きます。）	15年	3.6%	0.7%
		⑥森林計画立木の割合が20%以上の森林計画立木に係る延納相続税額	20年	1.2%	0.2%
	不動産等の割合が50%未満の場合	⑦一般の延納相続税額（⑧、⑨及び⑩を除きます。）	5年	6.0%	1.3%
		⑧立木の割合が30%を超える場合の立木に係る延納相続税額（⑩を除きます。）	5年	4.8%	1.0%
		⑨特別緑地保全地区内の土地に係る延納相続税額	5年	4.2%	0.9%
		⑩森林計画立木の割合が20%以上の森林計画立木に係る延納相続税額	5年	1.2%	0.2%
贈与税		延納贈与税	5年	6.6%	1.4%

令和元年12月の財務大臣の告示により、令和2年に適用される延納特例基準割合（※）が1.6%となりました。これに伴い、令和2年中に開始する分納期間に適用される延納利子税の特例割合は、上記のとおりです。

※延納特例基準割合…各分納期間の開始の日の属する年の前々年の10月から前年の9月までの各月における銀行の新規の短期貸出約定平均金利の合計を12で除して得た割合として各年の前年の12月15日までに財務大臣が告示する割合に、年1%の割合を加算した割合

4　物納制度の活用―相続財産による納付

POINT

◎延納によっても納付困難な場合、物納制度を利用することができます。この場合、金銭納付困難事由の有無、物納適格財産であるかに

ついて検討が必要です。

(1) 物納制度

国税は、金銭で納付することが原則ですが、相続税に限っては、納付すべき相続税額を納期限まで又は納付すべき日に延納によっても金銭で納付することが困難な事由がある場合には、申請により、その納付を困難とする金額を限度として、一定の相続財産で納付すること（物納）が認められています。

なお、その相続税に附帯する加算税、利子税、延滞税及び連帯納付義務により納付すべき税額等は、物納の対象とはなりません。

(2) 物納の要件

物納の要件としては、以下のとおりです。

①延納によっても金銭で納付することが困難な金額の範囲内であること
②物納申請財産が定められた種類の財産で、申請順位によっていること
③「物納申請書」及び「物納手続関係書類」を期限までに提出すること
④物納申請財産が物納に充てることができる財産であること

(3) 延納によっても金銭納付困難な事由があること

「延納によっても金銭で納付することを困難とする事由」があるかどうかは、貸付金の返還、退職金の給付の確定等納税義務者の近い将来において確実と認められる金銭収入や事業用資産の購入等、近い将来において確実と認められる臨時的収入・支出をも考慮した上で判定されます。

具体的には、物納申請書の別紙「**金銭で納付することを困難とする理由書**」により物納許可限度額（相令17条）を計算します。なお、金銭納付困難な事由の存在や困難とする金額の具体的な算出根拠等については、「金銭で納付することを困難とする理由書」の記載内容及び添付資料に基づき、納税者から十分な聴取等（物納申請前後における収支状況、預貯金の使途など）により、確認・精査を行うことが重要です。

(4) 物納に充てることができる財産の種類及び順位

物納に充てることができる財産の種類とその順位は、納付すべき相続税額の課税価格計算の基礎となった相続財産のうち、次の表に掲げるとおりです（物納劣後財産を含めた申請の順位は①から⑤の順になります。）。

順　位	物納に充てることができる財産の種類
第１順位	①不動産、船舶、国債証券、地方債証券、上場株式等
	②不動産及び上場株式のうち物納劣後財産に該当するもの
第２順位	③非上場株式等
	④非上場株式のうち物納劣後財産に該当するもの
第３順位	⑤動産

（注）　上記の財産には、相続財産により取得した財産を含み、相続時精算課税の適用を受ける贈与によって取得した財産を除きます。

(5) 物納関係書類の整備等

物納申請財産の数量、範囲、権利者を特定するための地積測量図や契約関係の確認のために必要な書類など、物納手続関係書類の整備等が必要となります。

なお、この整備や必要書類の作成のための費用（例えば、土地に係る登記関係費用、手数料のほか、境界標の設置や実測費用など）及び物納が許可されるまでの維持管理費用（例えば、固定資産税、建物の修繕費など）は、納税者の負担になることにも留意が必要です（【事例60】参照）。

(6) 利子税の納付

物納申請が行われた場合には、①物納の許可による納付があったものとされた日までの期間のうち、申請者において必要書類の訂正等又は物納申請財産の収納に当たっての措置を行う期間、②却下等が行われた日までの期間について、利子税がかかります。

５　更正・決定などの処分に対する不服申立て

POINT

◎更正・決定などの処分に不服がある場合、税務署に対する「再調査の請求」又は国税不服審判所に対する「審査請求」により、その処分の取消しを求める不服申立てを行うことができます。

相続税の調査が行われ納税者が更正処分について不服がある場合には、その処分の取消しを求める不服申立てを行うことができます。

この不服申立てには、税務署に対する「再調査の請求」及び国税不服審判所に対する「審査請求」があります。

(1) 再調査の請求

「再調査の請求」とは、税務署長等の行った処分に不服がある場合、国税不服審判所に対する審査請求を行う前に、選択的に、その処分を行った税務署長等に対して、処分の取消しや変更を求めて不服を申し立てる制度です。

再調査の請求においては、税務署長等において、簡易迅速な審理が行われています。

(2) 審査請求

「審査請求」とは、税務署長等の行った処分に不服がある場合、その処分の取消しや変更を求めて不服を申し立てる制度で、審査請求は、①再調査の請求を経ずに直接行うこともできますし、②再調査の請求を行い、それについて決定後の処分になお不服がある場合にも行うこともできます。

なお、再調査の請求をした日の翌日から３か月を経過しても決定がない場合も審査請求ができます。

①　国税不服審判所の概要

国税不服審判所は、納税者の正当な権利利益を救済すること及び税務行政の適正な運営を確保することを目的とした国税庁の特別の機関であり、審査請求人と国税の賦課徴収を行う税務署や国税局などの執行機関との間に立ち、国税に関する処分に対する審査請求について公正な第三者的立場で裁決を行います。

国税不服審判所では、審理の中立性・公正性を確保し、専門的知識・経験を活用する観点から、国税不服審判所長をはじめとする主要な役職に、裁判官、検察官の職にあった者を、国税審判官に、国税職員、裁判官、検察官の職にあった者のほかに、弁護士、税理士、公認会計士などの民間専門家を登用しています。

②　国税不服審判所における審理事務

国税不服審判所長は、審査請求書を受理した後、その審査請求書の副本を原処分庁（税務署長等）に送付し、原処分庁から「答弁書」の提出を求めるとともに、審査請求人や参加人に反論書や意見書の提出を促します。また、これらの主張書面のほか、必要に応じ、主張の裏付けとなる証拠書類等が提出されます。

担当審判官は、これらに基づき、また、必要に応じ意見聴取を行って、争点や証拠を整理し、どのような手続をいつ行うかといった審理の計画を立て、それに沿った、口頭意見陳述、証拠・物件の提出要求などの手続を行います。

必要な審理を終えたと判断したときは、担当審判官はその審理手続を終結し、担当審判官及び参加審判官により議決を行い、その議決に基づき、審判所長が裁決を行います。

(3) 再調査の請求と審査請求の選択

納税者は、①直接、「**審査請求**」するか、又は②原処分庁（税務署長等）にまず「**再調査の請求**」を行い、なお不服がある場合に国税不服審判所に「**審査請求**」をするか、両制度の特徴を踏まえ、そのいずれかを選択します。

例えば、国税に関する処分について、争点の整理が不十分であることや要件事実の認定に関して見直し調査的な請求を行う場合においては、税務署長等に対し「**再調査の請求**」を行い、より簡易かつ迅速に事件の処理を図るとともに、次の段階として争点を整理・明確化して、審査請求の手続の準備につなげることが有効といえます。

また、争点の整理がなされ、その主張内容も明確なものである場合においては、直接「**審査請求**」を行い、早期の解決を図るとともに、次の段階である裁判所における司法判断（訴訟）を早期に求めることもできます。

〔参考〕国税における不服申立制度

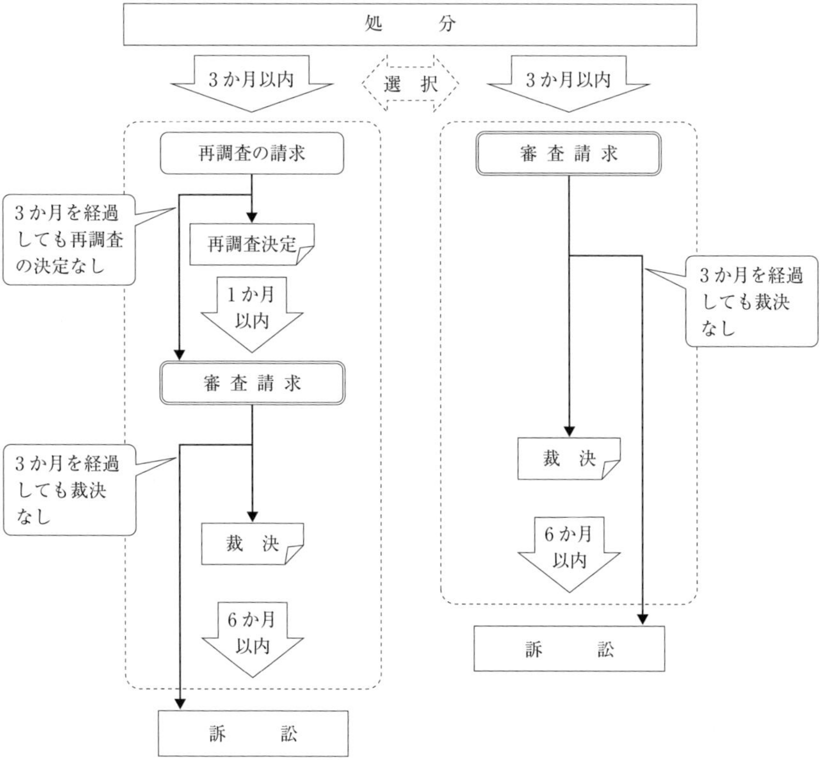

Ⅱ

相続税調査の現状

第１　相続税調査の概要

相続税の調査の一般的な流れは、次のとおりです。

①調査の選定（準備調査）　⇒　②調査の通知　⇒　③実地調査（臨宅調査・現物確認調査・金融機関等調査）

相続税調査は、納税者の了解を得て「任意調査」で行われることが通常です。ただし、「任意調査」といっても、質問・検査を受ける納税者には、質問に答え、検査を受忍する義務がありますので注意が必要です。

これに対し、国税局査察部等が犯則調査として行う「強制調査」もあります。

〔相続税調査の流れ〕

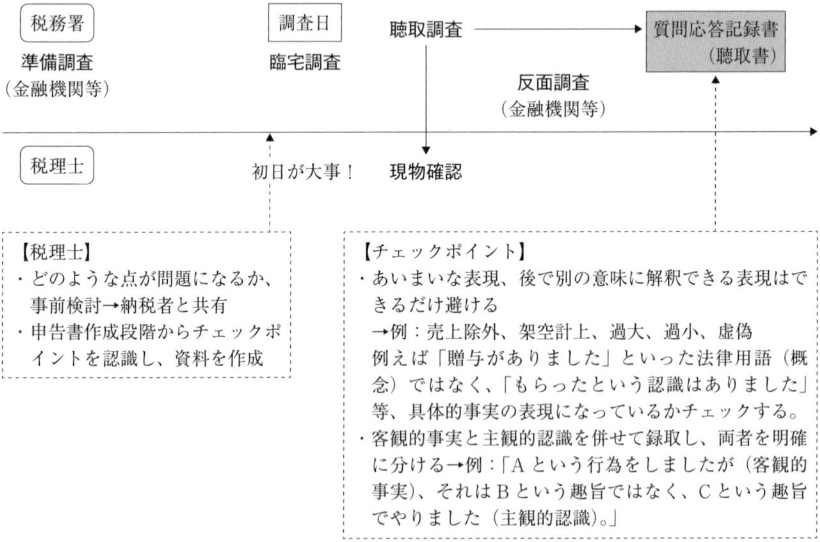
税務署
準備調査
（金融機関等）
調査日
臨宅調査
聴取調査
質問応答記録書
（聴取書）
反面調査
（金融機関等）
税理士
初日が大事！
現物確認
【税理士】
・どのような点が問題になるか、事前検討→納税者と共有
・申告書作成段階からチェックポイントを認識し、資料を作成
【チェックポイント】
・あいまいな表現、後で別の意味に解釈できる表現はできるだけ避ける
→例：売上除外、架空計上、過大、過小、虚偽
例えば「贈与がありました」といった法律用語（概念）ではなく、「もらったという認識はありました」等、具体的事実の表現になっているかチェックする。
・客観的事実と主観的認識を併せて録取し、両者を明確に分ける→例：「Aという行為をしましたが（客観的事実）、それはBという趣旨ではなく、Cという趣旨でやりました（主観的認識）。」

課税庁（税務署）では、署内のいろいろな資料等を検討し、その他金融機関等の照会・回答書からみて調査すべき事案を選定します。この段階を「**準備調査**」といいます。

選定調査対象候補事案の中から、一般的に調査すべき事案に選ばれるとまず調査の日時等が納税者に通知されることになります。

実地調査の場合は、通常、最初に被相続人宅等に相続人に集まってもらい調査が開始されます。これは「**臨宅調査**」とも呼ばれます。調査が開始されると、通帳等の現物確認や金融機関の調査が併行して行われます。これは「現物確認調査」、「金融機関等調査」と呼ばれます。

調査は、調査の期間の長さによって、相当の日数を要する「**特別調査**」、短期間で行う予定の「**短期実地調査**」、両方の間を取った「**一般調査**」と呼ばれることもあります。

なお、平成27年1月1日相続開始分からの基礎控除額の引下げ等による申告件数の増加に伴い、最近は、実地調査のほかに、文書、電話による連絡又は来署依頼による面接により申告を是正する「**簡易な接触**」も行われています。

COLUMN 相続の道しるべ

今後の税務調査に向けて

税務調査で調査官が指摘するポイントは、事案に応じて多種多様ですが、国税局や税務署によって異なることはなく、重要なポイントは絞られてきます。

そこで、税理士など専門家の皆様は、次の項で述べる国税庁や国税局の「調査の状況」を踏まえ、Ⅲ以下で述べる国税庁が発表している「調査対象のチェックポイント」や「各種のチェックシート」等を参考にチェックするなどして適正申告や税務調査に備える必要があります。

第２　調査の状況

1　相続税調査の現状

相続税の調査の現状については、国税庁より毎年報道発表があり、国税庁ホームページに掲載されていますので、参考にすると有益です。また、さらに詳細な数字が各国税局から発表されていますので、各国税局管轄ごとの傾向を分析することもできます。

参考までに、重加算税の各国税局の比較表を掲げておきます。

平成 30 事務年度における相続税の調査の状況

項目	国税庁	札幌	仙台	関東信越	東京	名古屋	大阪	福岡	熊本	広島	高松	金沢	沖縄
①実地調査件数	12,463	360	608	1,763	3,403	1,924	2,269	484	386	501	410	280	75
②申告漏れ等の非違件数	10,684	303	520	1,449	2,902	1,685	1,939	429	331	425	385	252	64
③非違割合（②／①）	85.7%	84.2%	85.5%	82.2%	85.3%	87.6%	85.5%	88.6%	85.8%	84.8%	93.9%	90.0%	85.3%
④重加算税賦課件数	1,762	46	76	355	376	326	248	50	70	73	89	38	15
⑤重加算税賦課割合（④／②）	16.5%	15.2%	14.6%	24.5%	13.0%	19.3%	12.8%	11.7%	21.1%	17.2%	23.1%	15.1%	23.4%

平成 30 事務年度における相続税の**実地調査**は、平成 28 年に発生した相続を中心に、国税局及び税務署で収集した資料情報等から申告額が過少であると想定される事案や、申告義務があるにもかかわらず無申告と想定される事案等について実施されました。

実地調査の件数は 12,463 件（平成 29 事務年度 12,576 件）、このうち申告漏れ等の非違があった件数は 10,684 件（平成 29 事務年度 10,521 件）で、**非違割合**は 85.7%（平成 29 事務年度 83.7%）となっています。

申告漏れ課税価格は 3,538 億円（平成 29 事務年度 3,523 億円）で、実地調査１件当たりでは 2,838 万円（平成 29 事務年度 2,801 万円）となっています。

申告漏れ相続財産の金額の内訳は、①現金・預貯金等 1,268 億円（平成 29 事務年度 1,183 億円）が最も多く、続いて②土地 422 億円（平成 29 事務年度410億円)、③有価証券388億円（平成29事務年度527億円）の順となっています。

追徴税額（加算税を含みます。）は708億円（平成29事務年度783億円）で、実地調査1件当たりでは568万円（平成29事務年度623万円）となっています。

重加算税の賦課件数は1,762件（平成29 事務年度1,504件)、賦課割合は**16.5%**（平成29事務年度14.3%）となっています。

文書、電話による連絡又は来署依頼による面接により、申告漏れ、計算誤り等がある申告を是正するなどの「**簡易な接触**」の件数は、平成30事務年度10,332件（平成29事務年度11,198件)、このうち申告漏れ等の非違及び回答等があった件数は5,878件（平成29事務年度6,995件）で、この割合は56.9%（平成29事務年度62.5%）となっています。

平成30事務年度と平成29事務年度の相続税の調査事績比

項　目	平成29 事務年度	平成30 事務年度	対前事務年度比
①実地調査件数	12,576	12,463	99.1%
②申告漏れ等の非違件数	10,521	10,684	101.5%
③**非違割合**（②／①）	83.7%	**85.7%**	2.1ポイント
④重加算税賦課件数	1,504	1,762	117.2%
⑤**重加算税賦課割合**（④／②）	14.3%	**16.5%**	2.2ポイント
⑥申告漏れ課税価格（注）	3,523億円	3,538億円	100.4%
⑦⑥のうち重加算税賦課対象	576億円	589億円	102.4%
⑧追徴税額（本税）	676億円	610億円	90.3%
⑨追徴税額（加算税）	107億円	98億円	91.1%
⑩追徴税額（合計）	783億円	708億円	90.4%
⑪実地調査1件当たりの申告漏れ課税価格（注）（⑥／①）	2,801万円	2,838万円	101.3%
⑫実地調査1件当たりの追徴税額（⑩／①）	623万円	568万円	91.2%

（注）「申告漏れ課税価格」は、申告漏れ相続財産額（相続時精算課税適用財産を含みます。）から、被相続人の債務・葬式費用の額（調査による増減分）を控除し、相続開始前3年以内の被相続人から法定相続人等への生前贈与財産額（調査による増減分）を加えたものです。

2　調査に伴う加算税

(1) 無申告加算税（通則法66条）

無申告加算税は、原則として申告、決定等に基づき納付する税額の15％ですが、納付すべき税額が50万円を超える場合には、その超える部分については5％加算され20％になります。ただし、過去5年内に無申告加算税（更正・決定予知によるものに限ります。）又は重加算税が課されたことがある場合は10％加算され25％（50万円を超える部分については30％）になります。

なお、期限後申告書又は修正申告書（期限後申告又は決定があった後に提出された修正申告書をいいます。）の提出が、その申告に係る調査があることを予知してされたものでないときは、その申告に基づき納付する税額の5％に軽減されます。

無申告加算税率

申告区分		加算税率
調査により期限後申告を提出した場合又は決定があった場合	納付すべき税額が50万円までの部分	15％(※)
	納付すべき税額が50万円を超える部分	20％(※)
自主的に期限後申告を提出した場合		5％

※過去5年内に無申告加算税又は重加算税が課されたことがある場合には10％加算。

①通常の場合の無申告加算税

期限後申告等の税額(※)　×　15％　＝　**無申告加算税の額**

※国税通則法第66条第1項に規定する期限後申告又は決定その後の修正申告又は更正に基づき新たに納付すべき税額

②無申告加算税の加重

〔通常分〕期限後申告等の税額　×　15％　＝　①

〔加重分〕期限後申告等の税額　－　控除額(※)　＝　A

※国税通則法第66条第1項の納付すべき税額(累積納付税額を加算した金額)又は50万円のいずれか多い額

A　×　5％　＝　②

無申告加算税の額（①＋②）

(2) 過少申告加算税（通則法65条）

過少申告加算税は、原則として修正又は更正により納付すべきこととなった税額（増差本税）の10%ですが、その金額が期限内申告税額又は50万円のいずれか多い金額を超える場合には、その超える部分については15%になります。ただし、「事前通知」以後からその調査があったことにより更正又は決定があるべきことを予知する前になされた修正申告に基づく過少申告加算税の割合は5%（期限内申告税額と50万円のいずれか多い額を超える部分は10%）となっています。

①通常の場合の過少申告加算税

増差税額(※) × 10% ＝ 過少申告加算税の額

※修正申告又は更正に基づき新たに納付すべき税額

②過少申告加算税の加重

〔通常分〕増差税額 × 10% ＝ ① 〔加重分〕増差税額 － 控除額(※) ＝ A ※期限内申告税額相当額又は50万円のいずれか多い額 A × 5% ＝ ②	**過少申告加算税の額** (①＋②)

(3) 重加算税（通則法68条）

財産を隠ぺいし、又は仮装の事実があると認定される悪質な場合は、無申告加算税又は過少申告加算税に代えて重加算税が課されます。

無申告加算税に代えて重加算税が課される場合は40%、また、過少申告加算税に代えて重加算税が課される場合は35%になります。

なお、過去5年内に無申告加算税又は重加算税が課されたことがある場合には10%加算され、上記割合は50%又は45%になります。

重加算税率

申告区分	加算税率
期限内申告書を提出していた者	35％（※）
法定期限後に申告書を提出した者又は税務署から決定を受けた者	40％（※）

※過去５年内に無申告加算税又は重加算税が課されたことがある場合には10％加算。

III

税務調査官の視点からみる調査時のポイント

第１　調査対象のチェックポイント

相続税の実地調査は、いわゆる大口・悪質と認められる事案を中心に、さまざまな理由からが選定されます。特に、選ばれやすいのは、①生前の収入に比べて資産（金融資産等）が少ないもの、②死亡直前に多額の預貯金が引き出されているもの、③名義預金や名義株と思われる資産が多いものなど、金融資産の申告漏れが見込まれるものです。

なお、国税庁ホームページに掲載されている「相続税の申告のためのチェックシート」は、調査時に調査官がチェックするポイントの参考にもなります。

項目別に主要なチェックポイントを整理すると次のようになります。

1　相続財産の分割等

確認事項	確認資料
①遺言書がありますか。	家庭裁判所の検認を受けた遺言書又は公正証書による遺言書
②遺産分割協議書の写しがありますか。	遺産分割協議書、各相続人の印鑑証明書
③死因贈与により財産を取得した者はいませんか。	遺言書や贈与契約証書
④相続人に未成年者はいませんか。	特別代理人選任の審判の証明書
⑤**法定相続人**に誤りはありませんか。	戸籍の謄本、法定相続情報一覧図の写し

２　取得財産

(1) 土地、家屋（構築物）

確認事項	確認資料
①未登記物件、共有物件、先代名義の物件等はありませんか。	所有不動産を証明するもの（固定資産税評価証明書、登記事項証明書等）
②被相続人の住所地以外の市区町村（例えば、相続人の住所地や被相続人の本籍地等）に所在する不動産はありませんか。	
③他人の土地の上に建物を所有していたり、他人の土地を小作している場合、借地権や耕作権はありませんか。	賃貸借契約書、小作に付されている旨の農業委員会の証明書等

（注）　土地には土地の上に存する権利を含みます。

(2) 事業（農業）用資産

確認事項	確認資料
事業用財産又は農業用財産はありませんか。	資産・負債の残高表（所得税青色申告決算書又は収支内訳書）

(3) 有価証券

確認事項	確認資料
①株式、出資、公社債、貸付信託、証券投資信託の受益証券等はありませんか。	証券、通帳又は預り証等
②名義は異なるが、被相続人に帰属するものはありませんか（無記名の有価証券も含みます。）。	証券、通帳又は預り証等
③増資等による株式の増加分や端株はありませんか。	配当金支払通知書等
④株式の割当てを受ける権利や配当期待権等はありませんか。	配当金支払通知書等

(4) 現金、預貯金

確認事項	確認資料
①相続開始日現在の残高で計上していますか。（注）	預貯金・金銭信託等の残高証明書、預貯金通帳（証書）
②名義は異なるが、被相続人に帰属するものはありませんか（無記名の預貯金も含みます。）。	
③定期性預貯金の既経過利息は相続開始日に解約するとした場合の利率とし、源泉所得税相当額を控除して計算しましたか。	既経過利息の計算明細書
④相続開始直前に、被相続人の預金口座等から出金された現金について、その状況を確認しましたか。	預貯金通帳等
⑤預貯金や現金等の増減について、相続開始前5年間程度の期間における入出金を確認しましたか。	預貯金通帳等

（注）　相続開始日や相続開始直後に出金された場合、残高証明書等に正しい数字が記載されない場合がありますので注意が必要です。

(5) 家庭用財産

確認事項	確認資料
家庭用財産はありませんか。	家庭用財産の一覧表

(6) その他の財産

確認事項	確認資料
①-1 生命保険金、死亡退職金はありませんか。	保険証券、支払保険金計算書、退職金の支払調書、取締役会議事録等
①-2【ある場合】相続放棄した者が受け取った生命保険金や死亡退職金から、非課税額（500万円×法定相続人数）を控除していませんか。	相続税申告書第9表、第10表
②生命保険契約、損害保険契約に関する権利はありませんか。	保険証券、支払保険料計算書、所得税及び復興所得税の確定申告書（控）等
③契約者名が家族名義等で、被相続人が保険料を負担していた生命保険契約はありませんか。	

④未支給の国民年金の請求権を相続財産に計上していませんか（未支給国民年金の請求権は相続財産ではありません。）。	未支給年金請求書等
⑤親族や同族法人に対する貸付金等はありませんか。	金銭消費貸借契約書等
⑥庭園設備、自動車、バイク及び船舶等はありませんか。	現物の確認（最近取得している場合は、取得価額のわかる書類）
⑦書画、骨とう、貴金属等はありませんか。	評価明細書（最近取得している場合は、取得価額のわかる書類）
⑧国外にある預貯金や不動産等はありませんか。	預貯金通帳、不動産売買契約書等
⑨未収給与、未収地代、家賃等はありませんか。	賃貸借契約書、領収書等
⑩修繕等について、資本的支出に当たるものはありませんか。	修繕等工事の明細、領収書等
⑪-1 被相続人から贈与を受けた財産のうち、結婚・子育て資金に係る贈与税の非課税制度を適用した預金残高等はありませんか。（注）	預金通帳等
⑪-2【ある場合】贈与を受けた者が孫や曾孫等の場合、税額の2割加算をしていませんか。	戸籍謄本等

（注）【事例34】参照。なお、平成31年4月1日以降の教育資金贈与については、【事例43】の「実務のアドバイス」の表を参照してください。

3　債務等

(1) 債務

確認事項	確認資料
①借入金、未払金、未納となっていた固定資産税、所得税等はありませんか。	請求書、金銭消費貸借契約書、納付書、納税通知書等
②被相続人の住宅ローンのうち、団体信用生命保険に加入していたことにより返済する必要がなくなった金額を債務として控除していませんか。	住宅ローンの設定契約書等
③相続放棄した相続人が引き継いだ債務を債務控除していませんか。	相続税申告書第1表、第13表、相続放棄申述受理証明書

(2) 葬式費用

確認事項	確認資料
法要や香典返しに要した費用が含まれていませんか。また、墓石や仏壇の購入費用が含まれていませんか。	領収書等

4　生前贈与財産の相続財産への加算

確認事項	確認資料
【相続時精算課税】 ①被相続人から、相続時精算課税の適用を受けて受贈した財産はありませんか。	贈与契約書、贈与税申告書 ※相続税の課税価格に加算すべき他の共同相続人等に係る贈与税の課税価格の合計額が不明である場合は、相続税法第49条に基づく開示請求を行うことを検討します（【事例44】参照）。
【暦年課税】 ②相続開始前３年以内に贈与を受けた財産は加算していますか（贈与税の基礎控除額以下の価額の受贈財産を含みます。）。	
③相続により財産を取得しなかった者が相続開始前３年以内に受けた贈与財産を加算していませんか。	相続税申告書第１表
④被相続人から受贈し、贈与税の配偶者控除を受けた財産を、相続開始前３年以内に贈与を受けた財産として加算していませんか。	贈与税申告書、相続税申告書第14表

5　財産の評価

(1) 不動産

確認事項	確認資料
①現況の地目で評価していますか。また、評価単位に誤りはありませんか。	土地及び土地の上に存する権利の評価明細書
②同族法人等に対して貸し付けている土地等のうち、無償返還の届出書を提出しているものについて、誤って借地権相当額を控除していませんか。	土地の無償返還に関する届出書

③貸家（独立家屋）の中に、空き家となっているものはありませんか（相続開始時に現実に貸し付けられていない家屋の敷地は、自用地としての価額で評価します。）。	不動産賃貸借契約書等
④親族等に対して、使用貸借により貸し付けている土地等は自用地評価していますか。	利用状況・賃貸契約の有無確認
⑤土地に縄延びはありませんか。	実測図又は森林簿の写し
⑥市街地周辺農地は20% 評価減をしましたか。	市街地農地等の評価明細書

(2) 非上場株式

確認事項	確認資料
【共通】 ①同族株主の判定に当たっては、相続開始後の議決権の数をもとに判定していますか。	株主原簿、遺産分割協議書等
【類似業種比準方式】 ②1 株当たり利益金額の計算に当たって、繰越欠損金は加算しましたか。	取引相場のない株式（出資）の評価明細書、法人税申告書等
③比準要素数 0 の会社であるにもかかわらず、類似業種比準方式により評価していませんか。	
④類似業種の株価の「課税時期の属する月」は、相続開始の時期と一致していますか。	
【純資産価額方式】 ⑤土地、株式、保険積立金等の評価替えをしましたか。	取引相場のない株式（出資）の評価明細書、法人の貸借対照表等
⑥課税時期前 3 年以内に取得した土地等又は家屋等は、通常の取引価額で計上していますか。	
⑦資産の部に土地の計上がなく、かつ、建物がある場合、借地権の有無の検討をしましたか。	取引相場のない株式（出資）の評価明細書、土地の賃貸借契約書、法人の貸借対照表等
⑧資産の部に財産性のない前払金や繰延資産は計上されていませんか。	
⑨負債の部に引当金は計上されていませんか（平成 14 年改正法人税法附則に規定する退職給与引当金を除きます。）。	取引相場のない株式（出資）の評価明細書

⑩法人が受け取る生命保険金を資産に計上しましたか。また、法人から支払われる退職金を負債に計上しましたか。	取引相場のない株式（出資）の評価明細書、法人の総勘定元帳等
⑪資産の部に計上すべき取引相場のない株式等の評価をする際に、法人税等相当額を控除していませんか。	取引相場のない株式（出資）の評価明細書

(3) 立木

確認事項	確認資料
相続人及び包括受遺者は、立木について、15% 評価減をしましたか。	山林・森林の立木の評価明細書

6　特例

(1) 配偶者の税額軽減

確認事項	確認資料
遺産の分割が確定していますか（特例の適用を受けるには、遺産の分割が完了していることが必要です。）。	遺言書、遺産分割協議書

(2) 小規模宅地

確認事項	確認資料
①次頁のフローチャートで判定を行った結果、特例の適用要件を備えていましたか。	次頁のフローチャート
②貸付事業用宅地等の有無の別に応じて、限度面積の計算は適正に行っていますか。	申告書第 11・11 の 2 表の付表 1

〔小規模宅地等の特例の判定フローチャート〕

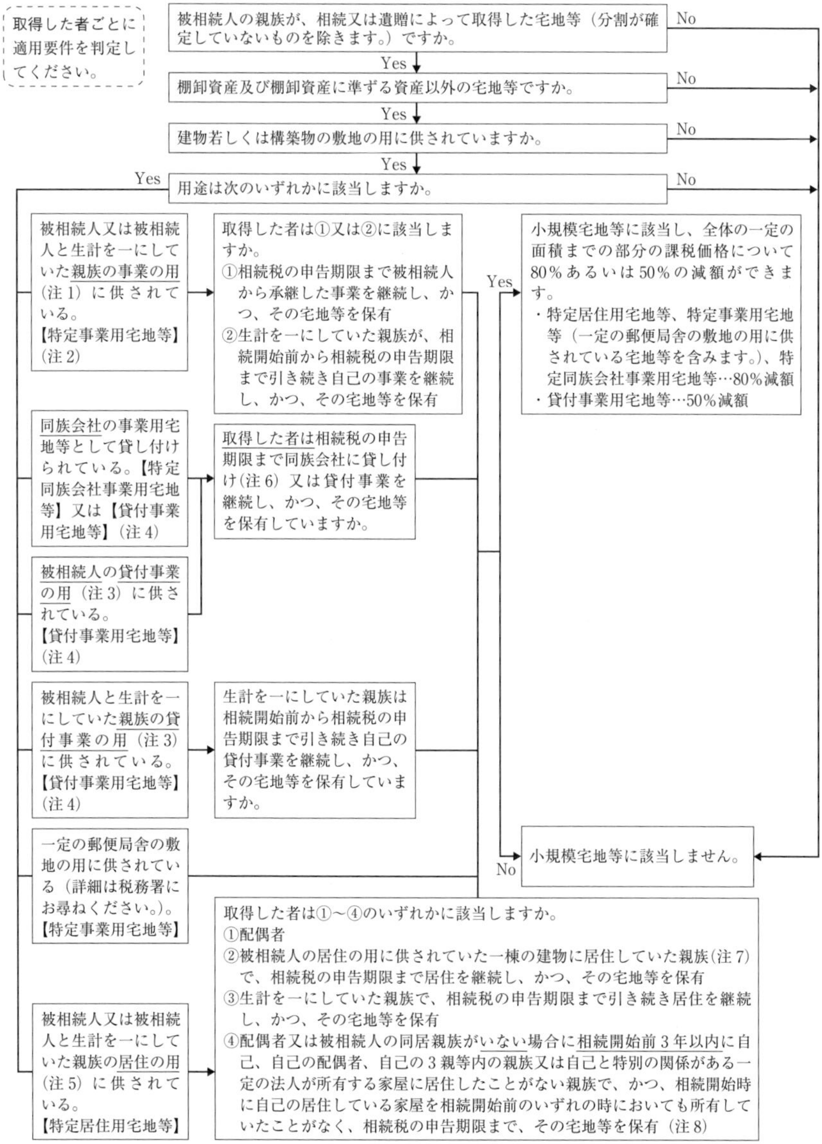

取得した者ごとに適用要件を判定してください。
被相続人の親族が、相続又は遺贈によって取得した宅地等（分割が確定していないものを除きます。）ですか。
No
Yes
棚卸資産及び棚卸資産に準ずる資産以外の宅地等ですか。
No
Yes
建物若しくは構築物の敷地の用に供されていますか。
No
Yes
用途は次のいずれかに該当しますか。
Yes
No
被相続人又は被相続人と生計を一にしていた親族の事業の用（注1）に供されている。【特定事業用宅地等】（注2）
取得した者は①又は②に該当しますか。
①相続税の申告期限まで被相続人から承継した事業を継続し、かつ、その宅地等を保有
②生計を一にしていた親族が、相続開始前から相続税の申告期限まで引き続き自己の事業を継続し、かつ、その宅地等を保有
Yes
小規模宅地等に該当し、全体の一定の面積までの部分の課税価格について80％あるいは50％の減額ができます。
・特定居住用宅地等、特定事業用宅地等（一定の郵便局舎の敷地の用に供されている宅地等を含みます。）、特定同族会社事業用宅地等…80％減額
・貸付事業用宅地等…50％減額
同族会社の事業用宅地等として貸し付けられている。【特定同族会社事業用宅地等】又は【貸付事業用宅地等】（注4）
取得した者は相続税の申告期限まで同族会社に貸し付け（注6）又は貸付事業を継続し、かつ、その宅地等を保有していますか。
被相続人の貸付事業の用（注3）に供されている。【貸付事業用宅地等】（注4）
被相続人と生計を一にしていた親族の貸付事業の用（注3）に供されている。【貸付事業用宅地等】（注4）
生計を一にしていた親族は相続開始前から相続税の申告期限まで引き続き自己の貸付事業を継続し、かつ、その宅地等を保有していますか。
一定の郵便局舎の敷地の用に供されている（詳細は税務署にお尋ねください。）。【特定事業用宅地等】
No
小規模宅地等に該当しません。
取得した者は①～④のいずれかに該当しますか。
①配偶者
②被相続人の居住の用に供されていた一棟の建物に居住していた親族（注7）で、相続税の申告期限まで居住を継続し、かつ、その宅地等を保有
③生計を一にしていた親族で、相続税の申告期限まで引き続き居住を継続し、かつ、その宅地等を保有
④配偶者又は被相続人の同居親族がいない場合に相続開始前３年以内に自己、自己の配偶者、自己の３親等内の親族又は自己と特別の関係がある一定の法人が所有する家屋に居住したことがない親族で、かつ、相続開始時に自己の居住している家屋を相続開始前のいずれの時においても所有していたことがなく、相続税の申告期限まで、その宅地等を保有（注8）
被相続人又は被相続人と生計を一にしていた親族の居住の用（注5）に供されている。【特定居住用宅地等】

小規模宅地等の対象となる宅地等の遺産分割が確定していない場合、特例の適用を受けることができませんが、「申告期限後３年以内の分割見込書」を提出することによって、財産の分割が確定したときに特例の適用を受けることができます。

（注1）　貸付事業の用を除きます。
（注2）　相続開始前3年以内に新たに被相続人等の事業の用に供された宅地等を除きます（一定規模以上の事業を行っていた被相続人等のその事業の用に供された土地等又は平成31年3月31日までに事業の用に供されている宅地等を除きます。）。
（注3）　不動産貸付業、駐車場業、自転車駐車場業及び準事業に限ります（準事業とは、事業と称するに至らない不動産貸付けその他これに類する行為で相当の対価を得て継続的に行うものをいいます。）。
（注4）　相続開始前3年以内に新たに貸付事業の用に供された宅地等を除きます（相続開始の日まで3年を超えて引き続き特定貸付事業（貸付事業のうち準事業以外のものをいいます。）を行っていた者の貸付事業の用に供されていた宅地等及び平成30年3月31日までに貸付事業の用に供されている宅地等を除きます。）。
（注5）　次のような理由により、相続開始の直前において被相続人の居住の用に供されていなかった宅地等について、一定の要件を満たす場合には、特例の適用を受けることができます。
　(1)　要介護認定又は要支援認定を受けていた被相続人が次の住居又は施設に入居又は入所していたこと
　　認知症対応型老人共同生活援助事業が行われる住居、養護老人ホーム、特別養護老人ホーム、軽費老人ホーム、有料老人ホーム、介護老人保健施設、介護医療院又はサービス付き高齢者向け住宅
　(2)　障害支援区分の認定を受けていた被相続人が障害者支援施設などに入所又は入居していたこと
（注6）　相続税の申告期限において、その法人の役員（法人税法第2条第15号に規定する役員（清算人を除きます。））である者に限ります。
（注7）　次の（1）又は（2）のいずれに該当するかに応じ、それぞれの部分に居住していた親族のことをいいます。
　(1)　被相続人の居住の用に供されていた一棟の建物が、「建物の区分所有等に関する法律第1条の規定に該当する建物」（区分所有建物である旨の登記がされている建物をいいます。）である場合…被相続人の居住の用に供されていた部分
　(2)　上記（1）以外の建物である場合…被相続人又は被相続人の親族の居住の用に供されていた部分
（注8）　平成30年3月31日において相続又は遺贈があったとした場合に、平成30年度税制改正前の特定居住用宅地等の要件を満たすものがある場合には、特例の適用を受けられる場合があります。

7　税額計算等

(1) 税額計算

確認事項	確認資料
①実子がいるにもかかわらず、養子を２人以上、法定相続人の数に加算していませんか（実子がいる場合、加算できる養子は１人です。）。	被相続人及び相続人の戸籍の謄本等、相続税申告書第２表
②相続放棄した者についても、基礎控除額及び相続税の総額の計算上、法定相続人の数に加算しましたか。	相続税申告書第２表
③嫡出でない子の相続分を誤って嫡出である子の相続分の２分の１としていませんか。	被相続人及び相続人の戸籍の謄本等、相続税申告書第２表

(2) 税額加算

確認事項	確認資料
相続又は遺贈により財産を取得した者が孫養子（代襲相続人を除きます。）や兄弟姉妹、受遺者等の場合は、税額の２割加算をしていますか。	戸籍の謄本等、遺言書、贈与契約書

(3) 税額控除

確認事項	確認資料
①未成年者控除及び障害者控除のうち、控除しきれない金額（控除不足額）がある場合、扶養義務者から控除しましたか。	相続税申告書第６表
②相続人以外の者が相次相続控除を受けていませんか。	戸籍の謄本等

8　その他

確認事項	確認資料
①生前に土地の譲渡等がある場合、その売却代金等が相続財産に反映されていますか。	不動産の売買契約書

②短い間隔で相続が２回以上発生している場合、前回以前の相続の時に受け取った財産は、今回の相続財産に反映されていますか。	前回相続の際の遺産分割協議書等
③多額の債務がある場合、その借入れによって取得等した財産は、相続財産に反映されていますか。	金銭消費貸借契約書等

(注)「第１　調査対象のチェックポイント」は、国税庁ホームページに掲載されている「相続税の申告のためのチェックシート（平成31年４月以降相続開始用)」を参考に作成しました。

第２　調査時の留意点

税務調査の中で、特に重要なのが「名義預金」、「名義株」などの**名義財産**についてのチェックです。

そこで、名義財産について、納税者や税理士の先生方の誤解しやすい点を中心に説明します。

名義財産の帰属の判定を行う場合には、調査担当者（課税庁）の見解と異なる場合や審査請求及び訴訟となった場合を想定して、証拠資料等をよく吟味しておく必要がありますので、その際のポイントを示したのが後述の**３**の図です。

ここで重要な点は、何が**主要事実**（直接的に帰属を証明する事実）であるか、**間接事実**（補助事実：常識的論理をたどることで帰属を判断することができる事実）かを意識しながら整理しておくことです。

また、調査担当者が納税者等との応答を記録するために「**質問応答記録書**」を作成することがあります。これは、証拠が乏しい事実の確認をするだけではなく、例えば、預貯金の入金や出金をした納税者の意思や行為の目的といった間接事業になり得ることについて質問・記録するものでもあります。そのため、「質問応答記録書」の作成には必ず立ち会い、主要事実、間接事実のどこが一番問題となっているのか、例えば「認識」の有無など、証明に必要不可欠な要件事実が正確に記録されているかどうかを、意識してチェックする必要があります。

１　納税者の主張（相続財産に含まれない旨）が認められるケース

POINT

贈与が認められる要件

【資金は、被相続人が拠出していた場合】

◎名義人が、預貯金（株式）の存在を知っていること
◎名義人が、資金の贈与を受けた認識があること
◎名義人自ら、預金口座、証券口座を管理、運用していること
⇒贈与契約が存在した事実及び引渡しがあった事実についての認識があることがポイントとなります。

名義財産の帰属が問題になる際に、一般的に、次のような要件が備っている場合には納税者の主張（名義人に帰属します。）が認められるケースが多いと思われます。

① 資金の出所が明らかに被相続人ではないとする証拠がある場合
② 資金の出所が明らかでないとしてもそれ以外の基本６要素の事実がそろっている場合
③ 贈与されたものが、形式（名義）だけでなく、所有権、支配権が実質的に名義人に移転していると認められる場合

具体的には、被相続人の預金口座から預貯金や株式の取得資金に相当する金額の出金した事実があったとしても、その出金時に、相続人が同席するなどして、贈与の意思をもって被相続人から引渡しを受けており、相続人名義預金口座への入金あるいは有価証券の取得手続を名義人自身が行い、以後、名義人である相続人が口座等を管理・運用し、利息や配当も受領し、かつ取引残高報告書等の書類等の保管もしている場合などは、相続人に帰属する財産と認められる場合があると考えられます。

贈与は、当事者の贈与意思と受贈意思が合致することによって成立する、諾成（だくせい）契約です。

贈与契約書がないとか贈与税の申告がされていないことだけでは贈与の否認の理由にはなりませんが（静岡地判平成17年３月30日税務訴訟資料255号9982順号）、贈与税の申告や株式の配当について所得税の申告をしている場合には、それは受贈者の側からの有力な証拠となります。

また、書面によらない口頭による贈与契約もありますが、その場合は、

資産の引渡しがなければ効力は生じません。資産の引渡しが行われた証拠となるのは、管理・運用をしていることがあげられます。また、取引残高報告書の存在を認識していること、利息や配当を受領して名義人が消費していることなども間接事実となります。

当然、印章や預金通帳、預かり証等の保管状況も重要ですし、口座の申込書の作成者が誰であるかも重要です。

2　納税者の主張（名義人に帰属する旨）が認められないケース

納税者や税理士の先生方が誤解しやすいのが、「被相続人と相続人の間に贈与契約があり、贈与税の申告もあり、利息や配当金も名義人が受領しているから大丈夫と思っている場合」です。

つまり、形式的に整っていても、実質的に所有権や支配権が名義人に移転していなければ贈与は認められません。

POINT

相続財産に含まれるかどうかについては、以下の①から⑥でチェックします。

その財産の

①　資金の出捐者は誰か

②　預入行為者は誰か

③　管理・運用者は誰か

④　利益の享受者は誰か

⑤　処分者は誰か

⑥　出捐者（※）、名義人、管理・運用者との関係（内部関係）

※出捐者（しゅつえんしゃ）…預貯金の原資を拠出している者をいいます。

家族名義預金の帰属の判断については、裁判例が参考になりますので紹介します。

課税事件については、主要な判断要素は次のとおりです。

① 原資の出捐者
② 管理・運用の状況
③ 利益・収益の帰属者
④ 名義人
⑤ その財産の管理及び運用をする者との関係、その財産の名義人がその名義を有することになった経緯等を総合考慮する。

〔裁判例〕 東京地判平成20年10月17日税務訴訟資料258号11053順号

「当該財産又はその購入原資の出捐者、当該財産の管理及び運用の状況、当該財産から生ずる利益の帰属者、被相続人と当該財産の名義人並びに当該財産の管理及び運用をする者との関係、当該財産の名義人がその名義を有することになった経緯等を総合考慮して判断する」

判例、裁決等を概観すると、いろいろな見方ができますが、①原資の出捐者に帰属すると判断し、それが不明な場合、②管理・運用の状況から出捐者を推認し、それも不明な場合、③利益・収益に帰属者を原資の出捐者と推認し、①から③の全てが不明な場合、名義人で判断しようとしていると解することもできます。

〈原資の負担者の検討〉

(イ) 被相続人が原資を負担している場合、当然に被相続人のものとなります。

(ロ) 名義人が贈与を受けた現金で預金した場合は、預金手続をした者に帰属します。

つまり、預金の帰属の判定における原資の出捐者には、現金の受贈者が含まれるわけです。

この場合、課税庁が、現金の移動の事実を主張・立証することが前提となりますが、その点については争いがないことから、納税者は、贈与があったことについていわゆる抗弁をすることになり、抗弁部分の主張・立証責任は、納税者が負うこととなります。

しかし、相続税の課税実務では、相続財産の帰属する被相続人が死亡しているため、原資の出捐者であることを主張・立証すべき者が当事者として存在していないために難しい問題となるわけです。

そのため、贈与契約の締結（贈与意思と受贈意思の合致）、贈与の履行の事実をどのように主張・立証するかが問題となるわけです。

(ハ)　名義人が原資を負担している場合、名義人に帰属します。

納税者が、自分が原資の負担者であることを主張・立証することで、自己の預金に帰属する判断を得ることができます。

一般には、自己の所得状況と関連付ける証拠が必要となるでしょう。

相続税の課税実務において、更正処分がされる場合には、課税庁は、原則として、被相続人が原資の負担者であることを主張・立証しなければならないとされています。

実務上問題になるケースは、課税庁の①の主張・立証が十分でないとして争われるケースや、課税庁が一応①の立証をしたことにつき納税者（名義人）が②の抗弁をして争われるケースが多いといえます。

「名義財産と認定されないための主要な事実」は例えば次のとおりです。

・口座開設時には、申込書等は口座開設者本人が自筆すること
・届出印に係る印章は、各自別々のものを使用すること
・通帳や印章等の管理（記録、メモ）は、名義人本人が行うこと
・利息や配当金は、名義人が受領し、消費すること
・取引残高報告書等は名義人本人が受領、保管すること

一番争いとなるのが**「贈与の事実の証明」**です。

「贈与の事実を証明する」ということは、贈与者がどのような状況にお

いて、どのような目的で贈与しようと考えたか、また、受贈者が贈与者の贈与意思の表明を受けて、どのように考えて受贈することとしたかを客観的事実で、証明することが重要になります。

一般に、贈与は何かの目的があって行うのであって、ある日、突然に思いついて贈与をするものではないことは、クリスマスやお年玉あるいは誕生日、入学時の学費や就職などの機会に多額の金銭の贈与がされることからも明らかです。

贈与の事実を証明するためには、**贈与者の事実**、**受贈者の事実**や**認識**がポイントとなりますが、そこでは、まずは贈与の目的を明らかにするとともにその贈与財産の使途としてどのようなことを考えていたのかを明確にすることが重要です。それにより贈与意思と受贈意思の合致があったということが強く推認されることになります。

そして、そのような目的と意思が明確にあるときは、贈与契約書を作成しておくことができるはずですし、贈与税の申告をすることも当然のこととしてできるはずです。

一般に、納税者に対して贈与契約書を作成して残しましょうとアドバイスすることがありますが、贈与するという行為には必ず目的があるのが当然ですから、目的を必ず表示しておくことが重要です。

なお、贈与契約書がないことや贈与の申告がされていないことだけでは必ずしも贈与の否認の理由にはならないことは既に述べたとおりですし、口頭による贈与もあり得ます。

その場合は、調査担当者等に対し、財産の引渡しの事実を裏付ける証拠に加え、その贈与の目的についての合理的な説明ができれば、贈与が認められる可能性があるものと考えられます。

3　証拠資料のチェックポイント

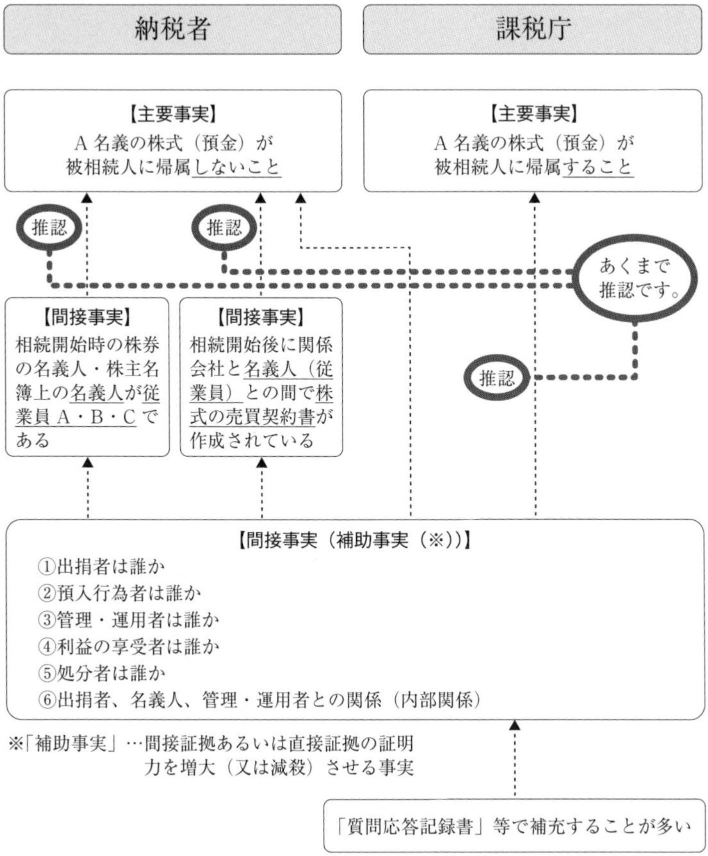

（注）　直接証拠（主要事実を直接証明する証拠）があれば、それにより主要事実が認定できます。しかし、直接証拠はない場合が多いといえます。

4　名義株などのその他の名義財産

名義株についても、預貯金の帰属に関する考え方と同様の要素で帰属が判断されています。

すなわち、ポイントは次のとおりです。（⇒東京地判平成18年7月19

日税務訴訟資料256号10471順号、大阪高判平成12年3月15日税務訴訟資料246号1289頁等参照）

① 資金の出捐者は誰か
② 預入行為者は誰か
③ 管理・運用者は誰か
④ 利益の享受者は誰か
⑤ 処分者は誰か
⑥ 出捐者、名義人、管理・運用者との関係（内部関係）

そうすると、例えば、家族名義の株式がある場合でも、実際にその株式を取得したときにおいて、名義人である子が小学生であるとか収入がない時期である場合には、その当時に収入のあった父親（被相続人）の株式と判断されることになります。

この場合、名義人となった時点では名義株が被相続人に帰属したことが明らかですから、名義人（相続人）に帰属していることについて、その株式が具体的に贈与された事実等を立証する必要があります。

ところで、同族会社の場合には、株券の発行がされていないか、発行されていても会社の金庫に保管されているだけであることが多いので、有価証券の交付による所有権の移転を立証することができない場合がほとんどです。

したがって、このような取得時期からみて名義人が資金を出捐していない株式については、被相続人の生前に贈与契約を締結し、法人の取締役会等で贈与の承認を受け、贈与税の申告をするという手続を的確に履行することが必要です。そのような手続によらなければ、名義財産として被相続人の財産と判断される可能性が高いと考えられます。

〔参考文献〕

○渡邉定義編著『非上場株式の評価実務ハンドブック』(大蔵財務協会 2018)

○天池健治・中山眞美著『図解・表解　相続税申告書の記載チェックポイント〔第３版〕』(中央経済社 2019)

○税理士法人山田&パートナーズ監修・佐伯草一編著『図解　相続税法「超」入門〔令和元年度改正〕』(税務経理協会 2019)

○宮田房枝著・日本税理士会連合会編集『相続税ハンドブック〔令和元年度版〕』(中央経済社 2019)

○岩下忠吾著『総説　相続税　贈与税〔第４版〕』(財経詳報社 2014)

Ⅳ

税務調査における指摘事例と留意事項

1 限定承認、放棄や相続人がいないとき

相続人は相続を承認するか、放棄するかを選択できます。

また、承認する場合でも、単純承認（特に手続は必要ありません。）のほかに、相続人が相続で得た財産の範囲内で被相続人の債務や遺贈の義務を負担することを留保して相続の承認をする限定承認（民法922条）があります。

なお、限定承認、放棄はともに相続開始後3か月以内（「熟慮期間」）に家庭裁判所に申述しなければならず、この手続をしない場合は単純承認となります。

ここでは、相続について限定承認がされた場合【事例1】、第一順位の相続人全員が放棄した場合【事例2】、相続人がいない場合に特別縁故者に財産分与があったとき【事例3】について取り上げ、それぞれの相続の場合の所得税法、相続税法などとの関わりを確認します。

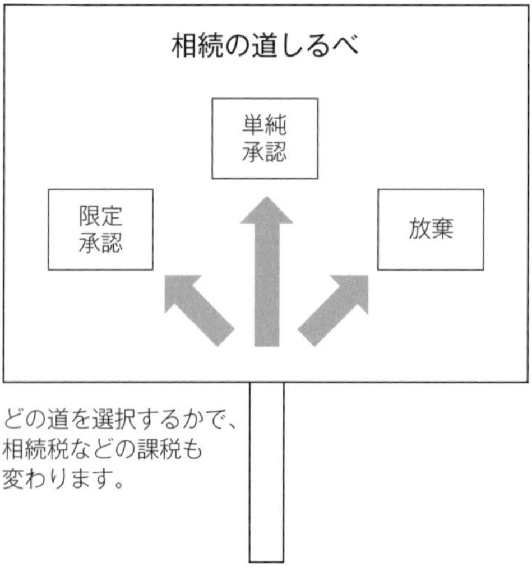
相続の道しるべ
単純承認
限定承認
放棄
どの道を選択するかで、
相続税などの課税も
変わります。

事例 1　限定承認とみなし譲渡

被相続人Ｘは、土地建物を所有し、借入金も大きく、経営不振に陥っていた甲株式会社の借入金の保証もしていたことから、相続人全員で限定承認をしました。

債務額が土地建物など積極財産の価額を大きく上回っていることから、相続税の申告を含む税務上の手続は何も行っていません。

税務調査官の指摘事項

被相続人Ｘは土地等を有していたことから、相続人は土地等に係る譲渡所得を含めて被相続人に係る準確定申告をしなければならない。

解説

相続、贈与により資産が移転しても通常、その時点で譲渡所得の課税はありませんが、限定承認による相続や法人への遺贈や贈与の場合には、資産の譲渡があったものとみなされます（所法59条1項1号）。

これを本事例にあてはめますと、限定承認がされたことにより、土地建物は、被相続人から相続人に譲渡したものとみなされますから、相続人はこれらの譲渡所得も含めて被相続人Ｘの準確定申告（所法120条、125条1項）を相続開始があったことを知った日の翌日から4か月を経過した日の前日までにすることとなります。

なお、この準確定申告により確定した所得税は、被相続人Ｘの債務として相続税法上は債務控除の対象となります（相法13条2項1号、14条2項）。

ADVICE 実務のアドバイス

【熟慮期間の伸長と準確定申告の申告期限】

限定承認の申述は、相続開始があったことを知った日から３か月以内ですが、この３か月の「熟慮期間」は延長が認められる場合があり、その場合、限定承認の効力が生じるとされる家庭裁判所の受理審判が相続開始から４か月経過後となることもあります。

このことに関して、東京高判平成15年３月10日訟務月報50巻８号2474頁は、限定承認に係るみなし譲渡所得の準確定申告の法定納期限（申告期限）は、一般の準確定申告同様「相続人が相続開始があったことを知った日の翌日から４月を経過した日の前日」として、当該法定納期限から課された延滞税を肯定しています。このため、準確定申告手続は、相続開始４か月以内をめどに進める必要があります。

COLUMN　相続の道しるべ

法人に対する遺贈とみなし譲渡

被相続人が公益法人等に資産を遺贈したために想定外の税金が発生したというケースがあります。

これは、限定承認に係る相続のほか、遺贈によって法人に資産が移転される場合も譲渡所得があったものとされ（所法59条）、被相続人の準確定申告でその資産に係る譲渡所得の申告をしなければならないからです。

ただし、その遺贈が国又は地方公共団体である場合は、その遺贈はなかったものとみなされ所得税の課税はありません（措法40条前段）。また、公益事業を行う法人等（宗教法人も含みます。）に対する遺贈で一定の要件を満たすものとして国税庁長官の承認を受けた場合も同様に扱われます（措法40条後段）。

ところで、この措置法第40条後段の国税庁長官の承認を受けるための申請手続は、遺言者の死亡の日から4か月以内（措令25条の17第1項、租税特別措置法第40条第1項後段の規定による譲渡所得等の非課税の取扱いについて5（3））に所轄税務署長を経由して国税庁長官に提出することとなります。

このため、公益法人や宗教法人などに土地などの資産を遺贈する場合には、前もって（遺言を作成する前に）措置法第40条第1項後段の要件に該当するかどうかなどを検討しておく必要があります。

なお、法人に対する遺贈については、原則として相続税の課税はありません（相法1条の3、1条の4）が、持分の定めのない法人などへの遺贈で、その遺贈が一定の者の相続税の負担を不当に軽減することとなる場合や特定の一般社団法人等については、その法人を個人とみなして課税されることがあります（相法66条、66条の2）。

事例２　第一順位の相続人全員が放棄した場合の相続税の申告

被相続人Ｘの相続関係図は、次のとおりでしたが、被相続人には内縁の妻Ｙがおり、被相続人と生活し面倒もみていたことから、この者に被相続人の財産を分与させるべく、相続人である子Ａ、Ｂは相続を放棄し、相続人不存在の状態になったとして、特別縁故者に係る財産分与の手続を進める準備をしていたところ、相続税の申告期限（Ｘの死亡から10か月）が過ぎてしまいました。

〔被相続人Ｘの関係図〕

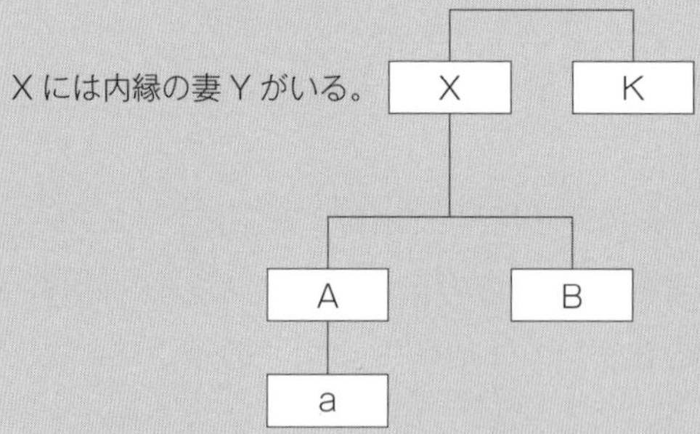

税務調査官の指摘事項

被相続人Ｘの兄弟姉妹Ｋが相続税の申告をする必要がある。

解説

第一順位の相続人（子、子を代襲した孫）全員が相続放棄した場合、第二順位の者（父母）、第二順位の者がいない場合は第三順位の者（兄弟姉妹）が相続人となります（Ⅰ・第１・３（7〜9頁）参照）。

本事例では、A、Bは相続放棄をし、第二順位の父母は相続開始時に生存していませんので、第三順位のKが相続人となります。

そうすると、Kがさらに相続放棄をしない限り「相続人が存在しない」ことになりませんので、その場合、内縁の妻Yは特別縁故者としてXの遺産を受け取ることはありません。

この場合、Kの相続税の申告期限は、自己のために相続の開始があったことを知った日、具体的にはA、Bの放棄により自己のために相続開始があったことを知った日から10か月以内となります（相法27条、相基通27-4）。

なお、Kの相続税の申告に当たっては、次の点にご注意ください。

・A、Bが相続放棄した結果、相続人は1人（兄弟姉妹K）ですが、相続税の基礎控除は放棄がなかったものとした場合における相続人数（相法15条2項）で計算しますから、その金額は、3,000万円＋600万円×2(法定相続人数)＝4,200万円です。
・兄弟姉妹が相続人の場合、相続税額の加算（相法18条）があります（その他の留意点については、【事例7】をご覧ください。）。
・Aが相続を放棄した場合、Aの子aはXの相続人となることはありません。

ADVICE 実務のアドバイス

【特別寄与料と内縁の妻】

本事例のような場合、平成30年度の民法改正により、令和元年7月1日以後は、内縁の妻に特別寄与料（民法1050条1項）を支払うことで解決できるのではないかと早合点してはいけません。

特別寄与料を請求できる者は、被相続人の介護をした長男の妻などの親族（相続人などを除きます。）に限られており、親族でない内縁の妻は被相続人をいくら介護していても特別寄与料の請求はできません。

仮に、相続人が内縁の妻に金銭を支払った場合は、内縁の妻には相続人からの贈与として、贈与税の課税が生じる可能性があります。

事例３　特別縁故者の分与財産の取得と相続税の申告

被相続人Xは平成27年12月に亡くなりましたが、被相続人Xには相続人はいなかったことから、令和元年５月に特別縁故者Aに相続財産である甲土地を分与する家庭裁判所の審判がありました。

そこで、Aは被相続人Xの相続開始が平成27年であったことから、平成27年分の路線価で甲土地を評価し、平成27年の法令を適用して相続税の申告をしました。

なお、Aは平成27年２月に被相続人Xから500万円の現金贈与を受けていましたが、贈与税の申告をしていますので、相続税の申告には考慮していません。

税務調査官の指摘事項

分与された財産の価額（甲土地）は、分与時である令和元年の路線価で評価しなければならない。また、平成27年の現金贈与については、課税価格に加算して申告しなければならない。

解説

特別縁故者Aが相続財産の分与を受けた場合、遺贈により取得したものとみなされ、相続税法の適用は相続開始年分（平成27年分）の法令により相続税を計算することとなりますが、相続財産の評価は、その与えられた時におけるその財産の時価（相法４条）とされていますから、本事例の場合は令和元年分の路線価により甲土地を評価します。

また、課税価格の計算に当たっては、相続開始３年以内の贈与を加算します（相基通 4-4)。この場合、A が納付した贈与税は、相続開始の年の贈与となり、贈与税の課税価格に算入しない（相法 21 条の 2 第 4 項）こととなるため、財産の分与があったことを知った日から 4 か月以内に更正の請求（相法 32 条 1 項 7 号）をして納付した贈与税の還付を受けることとなります。

なお、基礎控除は法定相続人がいませんので、3,000 万円のみで、税額加算（2 割）（相法 18 条）があることにご注意ください。

ADVICE 実務のアドバイス

【相続税法改正にご注意】

仮に被相続人の相続開始が平成 26 年以前であれば、基礎控除・税率などが変わりますので注意してください。

※申告する場合は、申告書は相続開始年分の様式を、土地等の評価明細書、画地調整率表などは分与時の年分の様式を使用します。

これらの各様式については、国税庁のホームページで入手できます。

2 遺言と遺産分割協議

遺産の分割は、遺言がある場合は、遺言の内容に従うこととなりますが、遺言がない場合や包括遺贈の場合は、相続人、包括受遺者で遺産分割協議を行うこととなります。

(1) 遺言

遺言の方式でよく利用されているのが、自筆証書遺言と公正証書遺言です。

このうち、公証人の下で作成する公正証書遺言については、検認などの手続は必要ありませんが、遺言者自らが作成する自筆証書遺言は、発見した者や所持していた者が家庭裁判所に申し立て、指定された期日に家庭裁判所で、相続人等の立会の下、検認の手続をすることとなります。

平成30年度の民法改正で自筆証書遺言の要式が一部変更となり、財産目録の部分については自筆で作成する必要がなくなり、パソコンで作成したものを利用できるようになりました（平成31年1月13日施行）。

また、自筆証書遺言を公的に保管する制度も令和2年7月10日から始まり、この制度を利用することで検認の手続をしなくて済みます。遺留分の改正とも相まって、「遺言」の利用は今後ますます増加するものと思われます。

ところで、遺言利用の最大のメリットは、相続人間で遺産分割協議を行う必要がないことで、相続税の申告では、さまざまな特例の手続をスムーズに進めることができますが、半面、特定の相続人等に偏った内容の遺言は、遺留分侵害額の請求がされることもありますので、遺言作成に当たって、そういった点に配慮した準備が必要です（【事例5】「実務のアドバイス」参照）。

他方、作成から長い年月が経過している遺言は、遺言内容をそのまま受け入れていいものか疑念のあることもあります。そういった場合、受遺者は遺言を放棄して遺産分割協議を行うことも含めて、慎重な検討が必要となる場合があります。

COLUMN 相続の道しるべ

遺言と小規模宅地等の特例の「選択」

小規模宅地等の相続税の課税価格の計算の特例や配偶者の税額軽減の特例の適用に当たり、特例に係る遺産の取得者が遺言で特定されている場合は、遺産分割協議のことを心配する必要はありませんが、この場合でも、小規模宅地等の特例の適用に必要な「選択」が申告期限までにできないことがあります。

例えば、被相続人Ｘが、相続人Ａに特定居住用宅地等に該当する甲土地を、相続人Ｂに貸付事業用宅地等に該当する乙土地を遺贈した場合です。

通常は、全体の税負担を考えて選択することとなりますが、相続人相互の思惑が異なる場合は、自己の課税価格が減少し負担額が軽くなる選択を主張することもあります。そして、申告期限までに「選択」ができない場合、特例が適用できないという深刻な問題となります（【事例46】参照）。

このような場合は、全体の相続税の負担は差し置いて、それぞれの受遺者が納得できる「選択」をしなければならないこともあります。

このように、相続開始後、相続人間で争いが想定される場合は、遺言作成の段階で、小規模宅地等の特例が適用可能な土地は、同一の者又は相続争いをすることがないと見込まれる者に遺贈するなどの検討をする必要があります。

事例４　遺言無効の訴訟が提起されている場合の相続税の申告

遺産の全てを相続人Ａに相続させる旨の被相続人Ｘの自筆証書遺言が発見され、家庭裁判所の検認を経て、登記などの手続を行いましたが、他の相続人（Ｂ、Ｃ）から遺言無効や遺留分に係る訴訟が提起されたことから、Ａは相続財産につき未分割であるとして相続税法第55条に基づく相続税の申告をしました。

なお、遺言により財産を取得しないＢ及びＣは、相続税の申告をしていません。

税務調査官の指摘事項

自筆証書遺言の内容に基づき申告をする必要がある。

解説

被相続人の遺言が存在し、受遺者であるＡは遺贈の放棄をしていませんから、遺言内容に沿って相続税の申告をすることとなります。

その後、遺言無効の判決があった場合は、Ａは更正の請求の手続（通則法23条。【事例51】参照）を行うこととなります。

なお、遺言により財産を取得しないＢ、Ｃについては、以下のような場合には、遺贈されていなくても申告期限までに相続税の申告をする必要があります。

・被相続人からの贈与について、相続時精算課税の適用を受けている
・被相続人からの贈与について、納税猶予の各種特例を受けている
・死亡保険金などのみなし相続財産を取得している
・死因贈与を受けている　など

事例５　遺留分侵害額の請求に対して遺産の一部である土地の所有権を移転

被相続人は、遺産の全てを長男Ａに相続させる旨の遺言書を残して、令和元年８月に亡くなりました。
長男Ａは、遺言により全ての遺産を取得したとして相続税の申告をしましたが、次男Ｂから、遺留分が侵害されているとして、１億円の遺留分侵害額の請求がありました。
被相続人の遺産の大半は土地であったことから、長男Ａは、遺留分侵害額１億円に見合う甲土地（取得価額1,000万円）を次男Ｂに提供することで和解し、甲土地の所有権を移転しました。
この和解に伴い、長男Ａは、相続税について更正の請求を行い、相続税は減額されましたが、その他税務上の手続は行っていません。

税務調査官の指摘

長男Ａは、甲土地について譲渡所得の申告を行う必要がある。

解説

平成30年度の民法改正により、遺留分が侵害された場合、遺留分権利者はその侵害額を請求することとなりました（令和元年７月１日相続開始分から適用されます。）（民法1046条１項）。
ところで、本事例のように、この請求額に代えて土地などの資産を移転した場合は、移転によって免れた侵害請求額を対価として、その資産を譲渡したこととなります（所基通33-1の6）。
本事例の場合、長男Ａは、甲土地を１億円でＢに譲渡したとして、譲渡所得の申告が必要となります。

なお、甲土地の譲渡が相続税の申告期限から3年以内である場合は、甲土地に係る相続税は、譲渡所得の計算において取得費に算入することができます（措法39条）。

ADVICE 実務のアドバイス

【遺留分対策として遺言で配慮すること】

民法改正により、遺留分の請求の範囲は制限され、さらに、金銭で解決することとされたことから、遺言による遺産の承継が容易な環境となりました。

しかし、遺贈を受ける遺産の大半が土地や取引相場のない株式である場合は、仮に遺言で無事承継しても、遺産の現金化は困難なため、後継者（受贈者）は相続税の納税資金の捻出や遺留分侵害額の請求への対応に窮することがあります。

このため、先代経営者等（遺贈者）は、後継者（受遺者）がそのような事態に陥らないよう、承継させる不動産や取引相場のない株式に加えて、金融財産を多く取得させるなどの配慮が必要となります。

(2) 遺産分割協議

遺産分割協議は、相続開始によって各相続人で共有状態となっている遺産を各相続人が協議の上、分割して各相続人の単独財産とすることであり、その協議内容を記載したものが遺産分割協議書です。

配偶者や特定の者の遺産の取得が要件となる「配偶者に対する相続税額の軽減の特例」や「小規模宅地等についての課税価格の計算の特例」などを適用して相続税の申告をするためには、遺産分割協議書（写し）と相続人全員の印鑑証明書（遺産分割協議書に押印したもの）が必須となります(相法19条の2第3項、相規1条の6第3項)。

以下では、遺産分割協議の当事者である相続人把握に関する事例と遺産分割協議のやり直しに係る事例を取り上げます。

事例６　不十分な相続人調査と遺産分割協議

相続人から戸籍（現戸籍とその原戸籍…被相続人の婚姻以降のもの）を入手し、「相続人は、配偶者、長男、長女の３人である」として遺産分割協議を行い、小規模宅地等についての課税価格の計算の特例、配偶者に対する相続税額の軽減の特例を適用して申告をしたところ、後日、被相続人に離婚歴があり、前妻との間に子がいることが判明しました。

税務調査官の指摘事項

相続人調査は、被相続人が生まれてから死亡するまで継続して戸籍を調査する必要がある。遺産分割協議が相続人全員でされていない場合、遺産は未分割であり、上記特例はいずれも適用できない。

解説

相続人の確定は、被相続人の出生から死亡まで、切れ目がなく戸籍を確認する必要があります。そのためには、現戸籍やその戸籍改製前の原戸籍だけでなく、それを手掛かりに出生まで遡って戸籍を収集しなければならず（下記の「戸籍確認の流れ」参照。この事例では６通の除籍分を含む戸籍（写し）が必要となります。）、そうすることで、現配偶者と婚姻前に、離婚した前配偶者との間に子がいることや被相続人が認知した子がいるなど「相続人の存在」を把握することができます。

本事例の場合、遺産分割協議が成立しているとはいえませんので、税務調査により未分割事案として更正されますと、遺産分割協議の成立を前提とする特例の適用が否認されることとなります。

なお、不十分な相続人調査により申告した場合の是正については、【事例52】を参考にしてください。

〔戸籍確認の流れ（婚姻、転籍がある場合）〕

①電子化された相続発生時の戸籍	▶	②再婚により編製された戸籍	▶	③転籍後の戸籍	▶	④前婚時に編製された戸籍	▶	⑤戸籍改製	▶	⑥出生時の戸籍
戸籍改製から相続開始まで		再婚から戸籍改製まで		転籍から再婚まで		婚姻（前婚）から離婚、転籍まで		戸籍改製から婚姻まで		出生時から戸籍改製まで

ADVICE 実務のアドバイス

1　「法定相続人情報証明制度」の活用

相続人は被相続人のことを全て知っているわけではありません。

再婚していることや前夫、前妻との間に子がいることなどを知らされていない場合もあります。

相続人の確定作業は、相続税申告手続の入口で大変重要です。

「法定相続人情報証明制度」なども活用して法務局と相談するなどして、相続人を早めにかつ正確に把握しましょう。

2　遺産分割協議には全ての養子の参加が必要

相続税法は、法定相続人数に制限を設けていますが（相法15条2項）、これは養子縁組を利用した租税負担の回避を防止する租税政策上のことで、民法上の養子縁組を否定するものではありません。

このため、被相続人の全ての養子が加わらなかった遺産分割協議は有効に成立していませんので、この点もご注意ください。

なお、判例（最高三小判平成29年1月31日民集71巻1号48頁（養子縁組無効確認請求事件））は、養子縁組が節税目的であっても「相続税の節税の動機と縁組をする意思は併存し得る」ことから、「当事者間に縁組をする意思がないとき」に当たらず、その養子縁組を有効としています。

COLUMN 相続の道しるべ

こんな時どうしたらいいの？

1　海外に相続人が居住している場合の印鑑証明

遺産分割協議書にサインし、居住している国にある最寄の日本領事館等でサイン証明を取り、これを「印鑑証明」とします。

2　法定相続人に未成年等がいる場合の遺産分割協議

遺産分割協議に当たり、相続人に未成年者や認知症の方がいる場合があります。

未成年者がいる場合は、その親が法定代理人として他の相続人と遺産分割協議を行いますが、その者（親）が共同相続人である場合は、特別代理人（叔父や叔母など（注 1））を選任して、その者と他の相続人が遺産分割協議を行います。

これに対して、相続人に認知症の方がいて、その者が遺産分割協議をする意思能力がない場合は、成年後見人（弁護士、税理士など（注 2））を選任して、その者が他の相続人と遺産分割協議を行うこととなります。

この場合、「印鑑証明」は、特別代理人又は成年後見人のものを付けます。

（注 1）　特別代理人の選任は所定の申立書により、家庭裁判所に審判を申し立て、家庭裁判所の「特別代理人選任の審判の証明書」の交付を受ける必要があります（裁判所ホームページ（特別代理人選任関係）参考）。

（注 2）　成年後見人の選任手続には時間を要しますのでご注意ください。また、いったん成年後見人に選任されますと、その解任などは「やむを得ない事情がある」と家庭裁判所が認めて許可した場合、又は成年被後見人が死亡した場合に限られます。

事例７　紛らわしい「事実上の放棄」

被相続人Ｘには配偶者Ｙと長男Ａ、次男Ｂの３人の相続人がいますが、Ｂが「相続を放棄する」と申し出たことから、ＹとＡで遺産分割協議を行い、Ｙについて配偶者に対する相続税の税額軽減の特例を、Ａについて小規模宅地等についての課税価格の計算の特例を適用して相続税の申告をしました。

〔被相続人Ｘの関係図〕

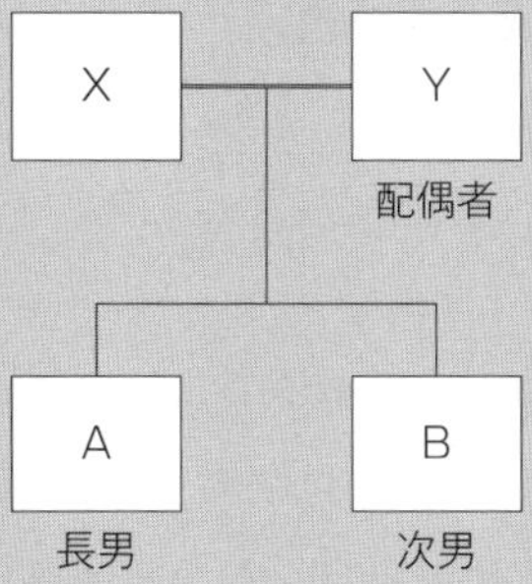

税務調査官の指摘事項

Ｂは事実上の放棄であり、申述による放棄の手続をしておらず、本来の相続人であることから、Ｙ、Ａ、Ｂの３人が遺産分割協議をしなければならず、この遺産分割協議には不備があり、配偶者に対する相続税の税額軽減の特例などは受けることができない。

解説

相続財産の放棄を申し立てているが家庭裁判所に手続は行っていない、いわゆる「事実上の放棄」をしている者は依然として「相続人」です。これに対して、家庭裁判所で放棄の申述が受理された者は、「相続人」ではありません（民法938条、939条）。

ところで、相続の放棄は戸籍記載事項ではない（戸籍法13条）ため、戸籍などで確認はできません。このため、放棄しているという申し出があった場合には申し出た者に係る「相続放棄受理証明書」を家庭裁判所に請求し、交付を受けておくことが大変重要です。

なお、当初申告の更正の請求などによる是正手続は【事例52】を参考にしてください。

ADVICE 実務のアドバイス

【放棄があった場合の相続税の扱い】

放棄があっても、基礎控除の計算、「退職金」や「死亡保険金」の非課税部分の計算は、放棄がなかったものとした場合の法定相続人数です。

ただし、放棄した者は、「相続人」ではありませんので、「退職金」、「生命保険金」の非課税の適用はありません。

また、代襲相続した孫が放棄したケースで、生命保険金などのみなし相続財産を受け取り相続税が課税される場合は、生命保険などに係る非課税金額の適用がないだけでなく、相続人ではないため相続税は2割加算となります（相法18条1項）ので注意が必要です。

このほか、税額控除では、相次相続控除は「相続人」であることが要件となっているため適用はありませんが、未成年者控除や障害者控除は、放棄があった場合、「放棄がなかったものとした場合の相続人」に適用があります。

例えば、次図（前提を含みます。）のような関係で、Xの相続に関して第一順位の相続人であるA、Bが放棄をし、第二順位のKが相続人となったとします。

この場合に、Aが受け取った死亡保険金に係る非課税適用はありませんが、Aが障害者や未成年者である場合は障害者や未成年者控除の適用があります。

また、Xの相続（二次相続）について、Zの相続（一次相続）に係る相次相続控除の適用については、Aは放棄しているためXの相続人ではないことから適用がなく、Aが放棄したことにより相続人となったKはXの相続人であることから適用があります。

ただし、Kは兄弟姉妹であることから、相続税額の加算があります。

〔被相続人Xの関係図〕

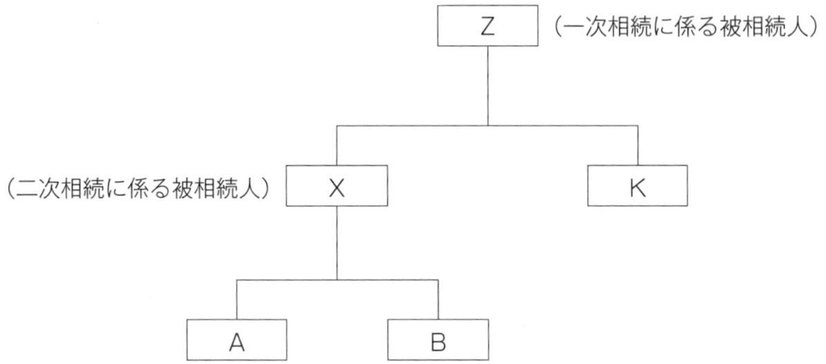

〔前提条件〕

① A、Bは放棄しています。

② AはXに係る死亡保険金を受け取っています。

③ ZはXの相続開始の5年前に死亡、XはZに係る相続税を支払っています。

事例８　遺産分割協議のやり直し

被相続人Ｘの相続人Ａ、Ｂは相続税の申告に当たり遺産分割協議を行い、甲不動産をＡが取得することとしていましたが、数年後、遺産分割協議を合意解除し、甲不動産はＢが取得する旨の遺産分割協議のやり直しを行いました。

Ａ、Ｂ間に金銭の授受はなく、また、Ｂは遺産分割協議による取得であることから、特に申告はしていません。

税務調査官の指摘事項

Ｂの甲不動産取得は、相続による取得ではなく、Ａからの贈与であり、Ｂは贈与税の申告が必要である。

解説

民法上は、共同相続人は、遺産分割協議の全部又は一部を全員の合意によって解除した上で、改めて分割協議を成立させることができるとされていますが、相続税法上は、当初の分割により共同相続人又は受遺者に分属した財産を分割のやり直しとして再分配した場合には、その再分配により取得した財産は、相続による遺産分割により取得したものとは取り扱われません（相基通19の2-8ただし書）。

したがって、事例の場合、甲不動産はＡからＢに無償で移転していることから、Ｂは贈与税の申告が必要となります。

ADVICE 実務のアドバイス

【遺産分割協議について重大な欠陥がある場合】

当初の遺産分割協議について重大な欠陥があるため、無効や取消しとなり、再度遺産分割協議を行う場合は、上記の取扱い（相基通19の2-8ただし書）には当たりません。

【事例6】や【事例7】のように相続人の一部が加わらなかった遺産分割協議や相続人でない者が参加して合意した遺産分割協議の場合のように、遺産分割協議そのものが成立していないことが明らかなときも同様に遺産は未分割のままです。

この場合の当初申告の更正の請求などによる是正については【事例52】を参考にしてください。

3　財産調査のポイント

財産調査が不十分なときは、申告内容は怪しいものとなり、そういった申告は、税務調査の対象となりやすく、加えて、税務調査の際に税務調査官から多くの指摘を受けることとなります。

それだけでなく、遺産分割の合意そのものにも影響を与えかねません。

以下では、財産調査を正確に行うためのポイントについて、まず「基本的な財産調査」として、相続財産に大きな割合を占める土地等の調査と財産調査の基本となる預貯金口座の確認要領などの事例を、次に、「被相続人の職業・経歴に応じた財産調査」として被相続人の態様に応じた財産確認要領についての事例を取り上げます。

(1) 基本的な財産調査

①　土地等の調査

相続財産に占める割合が一番大きい土地等をもれなく把握して、適切に評価するためには、固定資産税課税通知書などをもとにした市区町村への照会、登記情報や地積測量図の収集に加え、それぞれの土地の利用状況の把握とそれに応じた基礎資料の収集（賃貸契約書、権利金や保証金の授受、耕作者の確認など）の基本情報の把握が大変重要です。

そこで、まず、被相続人の土地等の所有情報をどのようにして把握するかを【事例 9】で、うっかりしやすい「容積率」を【事例 10】で、個人間の特殊な関係と利用区分について【事例 11】で取り上げます。

また、山林や田畑については、縄伸び（土地登記簿に記載された土地の面積よりも、実際の面積が大きいこと）が想定される地域は比較的多いのですが、宅地、雑種地についても明らかに縄伸びがあり、税務調査などで指摘される可能性が高い事例を【事例 12】、【事例 13】で、売買契約中の土地を【事例 14】で取り上げます。

事例９　所有土地等の確実な把握方法など

被相続人宛に送付された固定資産税納税通知書に併せて送付される課税資産明細書（以下「固定資産税の課税明細書」といいます。）で不動産の所在、地目、地積、利用状況などを確認の上、相続した不動産を評価し申告しました。

なお、自宅にある登記済証などから保安林などの所有が確認されましたが、所在の市区町村に問い合わせたところ、固定資産税は非課税であるということから申告に含めていません。

税務調査官の指摘事項

固定資産税の課税明細書に記載されている不動産には、非課税や免税点以下の土地の記載がないが、固定資産税の課税上非課税等であっても、その利用状況などを確認して、適切に評価し申告をする必要がある。

解説

被相続人の所有不動産の確認は、固定資産税課税明細書兼名寄帳（以下「名寄帳」といいます。）の写し（市区町村に請求します。）で行います。

名寄帳には、納税通知書の明細に記載されていない非課税や免税点以下の山林、池沼などもその所在等が記載されています。

相続税の申告に当たっては、これらの土地も財産評価基本通達により評価することとなります。

ただし、名寄帳で土地等の全てを把握できるわけではありません。

所有土地等の確認、評価のために必要な基礎資料収集に当たっては、次の点を参考にしてください。

(1) 所有等や利用状況の把握

① 共有となっている土地

単独所有分とは別に名寄帳が作成されています。

② 固定資産税に係る納税管理人がいる土地

納税管理人ごとに名寄帳が作成されています。

③ 先代名義の土地

相続人代表や納税管理人で名寄帳が作成されています。

④ 譲渡担保、信託の目的となっている土地

被相続人から所有権が移転していますので、譲渡担保権者や受託者の名前で名寄帳が作成されています。

⑤ 貸地等（権利が設定されている場合を含みます。）

・借地権が設定されている土地

地上に他人所有の建物がある土地については、賃貸借契約書、地代のやり取りなどを参考に確認します。賃貸借契約書で定期借地権と借地権をしっかり区分します。

なお、定期借地権契約の場合は契約書が必ずありますが、借地権契約の場合は、その設定時期が古い場合や地域によってない場合がありますのでご注意ください。

・地役権、地上権などは、登記情報で確認しますが、登記がない場合でも高圧線が評価対象地の上空にある場合や利用料の支払がある場合は電力会社にその内容を確認します。

なお、市街地で容積率が大きい地域にある評価対象地に電力会社でない者が空中地上権を設定している場合、容積率の移転が考えられますのでご注意ください（別途契約書などがあります。）。

・その他の賃借権の設定されている土地については、賃貸契約の

内容を確認します。

⑥ 借地権

借地権には固定資産税が課税されませんので名寄帳にはありません。

借地権は、所有している建物を手掛かりに、対応する敷地を把握し特定します。

敷地の面積や範囲について確認できる契約書などがない場合は、実際に使用している範囲を現地で確認します。

⑦ 貸家・貸ビルなど

空室の状況、敷金などを賃貸契約書により確認します。

一括貸付けとされている場合でも、契約終了時に返還する保証金を預かっている場合もありますので、その条件なども含めて契約内容を確認する必要があります。

⑧ 農地・耕作権

耕作権や耕作権の設定がある農地かどうかは、農業委員会の農地台帳などにより確認します。

農地台帳に記載がない耕作はいわゆる「やみ小作」であることから、耕作権はなく、農地は自用地として評価します。

なお、その農地が農業振興地域内の農用地地区にあるかどうかを市区町村の窓口で確認します。

これらの農地情報は、インターネットで一般社団法人全国農業会議所が提供する「全国農地ナビ」で閲覧可能です（閲覧項目に制限があります。）。

⑨ 所有権移転未了の土地

固定資産税の課税時期は毎年１月１日ですから、それ以降に購入された土地や購入しているが登記が未了の土地などについては、名寄帳に掲載はありません。

これらは、売買契約書などで確認することとなります。

(2) 位置の特定、接道状況の把握

①　地番図又は地番参考図

地番図又は地番参考図は、固定資産税評価のために市区町村の固定資産税担当で、公図などをもとに作成され、一般に公開されているものです。権利関係を証明するものではありませんが、土地の位置を確認する資料として利用価値が高い情報です。

これと名寄帳などにより把握した土地の地番等から、対象地の所在地を特定し、住宅地図にその情報を落とし込み、それと路線価図と照合します。

②　認定道路図、指定道路図、都市計画図、農用地区域

認定道路図は、市区町村などが認定している道路の管理図で、道路の幅員を調べる際に利用します。

指定道路図は、①で位置を確認した土地に面している道路が建物を建てることが可能な道路かどうかを確認するものです。道路に色分けされた線が引かれています。

このうち、建築基準法第42条第2項に該当する道路で路線価の付設がない場合は、「特定路線価の設定」を税務署に依頼し、付設された特定路線価により評価することとなります。

都市計画図は、市街化区域と市街化調整区域や用途地域、指定容積率を確認する場合に利用します。

(3) 対象地の形状、実際の面積の確認

①　地積測量図、実測図面

地積測量図は、法務局に保管されている情報で周囲の土地と境界を確定して測量がされた図面で、基本的にはこの図面を参考に画地補正などを行います。また、被相続人などが実測した図面などがある場合もあります。

②　建築計画概要書

敷地や建物に関する地積、形状、容積率（ただし、建築当時のも

の）などさまざまな情報を得ることができます。詳しくは【事例13】の「実務のアドバイス」を参考にしてください。

③　現地調査

地積測量図や実測図面、建築計画概要書などがない場合は、奥行、間口などを現地で確認して、土地の形状を特定します。

ADVICE 実務のアドバイス

1　保安林など固定資産税評価額が記載されていない土地の評価

市区町村に評価対象山林の固定資産税に係る評価証書を請求するに当たり、近傍山林の１m^2当たりの単価の付記を求め、その単価に評価対象山林の地積を乗じ、さらに評価基準書に記載された所定の倍率を乗じた上、保安林の規制に応じた減額率を乗じて評価します。

2　雑種地の評価（倍率地域の場合）

評価対象となる雑種地（ゴルフ場用地、遊園地等用地、鉄軌道用地を除きます。）の評価に当たっては、その雑種地に付されている固定資産税評価額をそのまま使用するのではなく、例えば、その土地が宅地に類似する場合は、宅地に比準して、山林に類似する場合は山林に比準して評価します。

具体的には、市区町村に評価対象地の固定資産税に係る評価証明書を請求する際に、比準する近傍の地目に係る１m^2当たりの固定資産税評価額の単価の記載を請求し、それに評価対象地の地積を乗じ（宅地の場合は必要に応じ、地区区分を「普通住宅地区」として調整を行います。）、さらに評価倍率表に記載された比準する地目（「比準地目」）に応じた倍率を乗じて評価額を算出します。

なお、市街化調整区域内にある雑種地を評価する場合の比準地目の判定は、次表により行います。

また、付近の宅地の価額をもととして評価する場合（宅地比準）における法的規制等（開発行為の可否、建築制限、位置等）に係るしんしゃく割合（減価率）は、市街化の影響度と雑種地の利用状況によって個別に判定することになりますが、次表のしんしゃく割合によっても差し支えありません。

〔しんしゃく割合〕

<table>
<tr><th></th><th>周囲（地域）の状況</th><th>比準地目</th><th>しんしゃく割合</th></tr>
<tr><td rowspan="5">弱
↑
市街化の影響度
↓
強</td><td>①　純農地、純山林、純原野</td><td rowspan="2">農地比準、山林比準、原野比準（注1）</td><td rowspan="2"></td></tr>
<tr><td rowspan="2">②　①と③の地域の中間（周囲の状況により判定）</td></tr>
<tr><td rowspan="2">宅地比準</td><td>50%</td></tr>
<tr><td rowspan="2">③　店舗等の建築が可能な幹線道路沿いや市街化区域との境界付近（注2）</td><td>30%</td></tr>
<tr><td>宅地価格と同等の取引実態が認められる地域（郊外型店舗が建ち並ぶ地域等）</td><td>0%</td></tr>
</table>

（注1）　農地等の価額をもととして評価する場合で、評価対象地が資材置場、駐車場等として利用されているときは、その土地の価額は、原則として、評基通24-5（農業用施設用地の評価）に準じて農地等の価額に造成費相当額を加算した価額により評価します（ただし、その価額は宅地の価額をもととして評価した価額を上回らないことに留意してください。）。

（注2）　③の地域は、線引き後に沿道サービス施設が建設される可能性のある土地（都市計画法34条9号、43条2項）や、線引き後に日常生活に必要な物品の小売業等の店舗として開発又は建築される可能性のある土地（都市計画法34条1号、43条2項）の存する地域をいいます。

（注3）　都市計画法第34条第11号に規定する区域内については、表によらず、個別に判定します。

事例 10　基準容積率で地積規模の大きな宅地の評価を適用

評価対象地の容積率について建築業者に問い合わせたところ、指定容積率は 400% ですが、前面道路が狭く容積率は 400% を下回る（下記「実務のアドバイス」表２参照）ということであったので、地積規模の大きな宅地として評価しました。
※評価対象地は、三大都市圏（東京都特別区外）に所在し、地積規模の大きな宅地の評価に係る他の要件は満たしています。

税務調査官の指摘事項

評価対象地の所在する地域の指定容積率は 400% であり、地積規模の大きな宅地の要件を満たしていない。

解説

容積率には、都市計画に基づき、用途地域ごとに定められた「指定容積率」と、これをもとに前面道路（接道）の幅員などの要因を勘案して計算した実際に建物を建てる際の基準となる「基準容積率」（通常こちらを容積率といいます。下記「実務のアドバイス」表２参照。）があります。

ところで、地積規模の大きな宅地の評価をする場合の容積率は前者の「指定容積率」で、これは、都市計画図に地域ごとに記載された数字そのものです。

市区町村で都市計画図（課税時期の指定容積率がわかるもの）を必ず確認して、それにより判断をしてください。

ADVICE 実務のアドバイス

【財産評価基本通達上の容積率は２つ】

地積規模の大きな宅地の評価（評基通 20-2）でその適用の可否を判断する容積率は「指定容積率」であるのに対して、容積率の異なる２以上の地域にわたる宅地の評価（評基通 20-7）、都市計画道路予定地の区域内にある宅地の評価（評基通 24-7）などの「容積率」は、前面道路の幅員により調整された後（これ以上の複雑な調整はしません。）の基準容積率です。

なお、基準容積率は対象地の前面道路の幅員に対象地の都市計画上の地域・地区に応じて次の表１の数値を乗じて、その結果と指定容積率とを比較して低い数値となります。

具体的な計算例は表２のとおりです。

〔表１　前面道路幅員に乗じる数値（建築基準法 52 条２項）〕

号	地域・地区	前面道路幅員に乗じる数値
1	第１種低層住宅専用地域 第２種低層住宅専用地域 田園住居地域	40
2	第１種中高層住宅専用地域 第２種中高層住宅専用地域 第１種住居地域 第２種住居地域 準住居地域	40 （特定行政庁が指定する地域では 60※）
3	その他	60 （特定行政庁が指定する地域では 40 又は 80※）

※特定行政庁に該当する市区町村の場合は別途「前面道路幅員に乗じる数値」の定めがないか確認します。

〔表２　基準容積率の計算例〕

前面道路幅員に乗じる数値	評価対象地	指定容積率	基準容積率
40	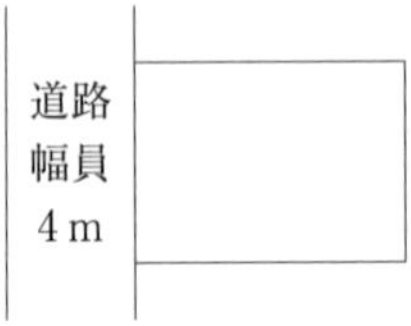 道路幅員4 m	200%	4 m×40＝160 160＜200 基準容積率＝160%
60	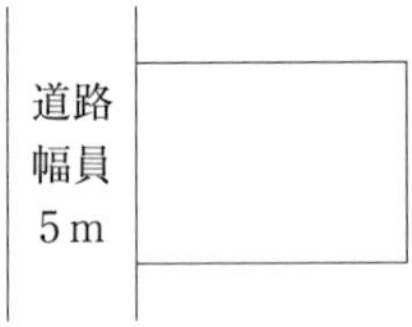 道路幅員5 m	400%	5 m×60＝300 300＜400 基準容積率＝300%

事例 11　相続人所有の賃貸住宅がある被相続人の土地の評価（使用貸借）

相続人Ａは生前、被相続人Ｘから甲土地を無償で借り受け、そこに自己資金で賃貸住宅を建て不動産経営をしていました。

Ａは被相続人Ｘの相続税の申告に当たり、甲土地は賃貸住宅の敷地であることから、貸家建付地として評価しました。

税務調査官の指摘事項

ＡはＸから無償で甲土地を借り受けている（使用貸借である）ことから、甲土地は自用地として評価しなければならない。

解説

個人間で建物の所有を目的として使用貸借による土地の借り受けがあった場合は、課税上、その使用権はゼロと扱われます。これは、使用貸借による「使用権」が、借地権と比べ、経済的交換価値が極めて低いことに着目した課税上の扱いですが、このように使用権がゼロである以上、その土地の利用が自用、貸地、貸家建付地に関係なく、自用地とされます（使用貸借に係る土地についての相続税及び贈与税の取扱いについて（以下「使用貸借通達」といいます。）1、3）。

本件は使用貸借で借り受けた土地の上に建築した家屋を賃貸住宅としていますので、その敷地の評価は、貸家建付地ではなく自用地として評価することとなります。

〔参考判例〕使用貸借で借り受けた土地に土地所有者と共有で借家がある場合の評価

札幌地判平成26年5月13日訟務月報61巻1号223頁（控訴棄却により確定）は、「使用貸借通達」の取扱いの合理性を認めた上で、使用貸借した土地上に土地所有者とともに賃貸建物を共有し、その後当該土地を相続した場合の土地の相続税評価額については、その建物の相続人固有の持分割合に相当する部分を自用地として評価すべきであるとしています。

事例 12　公簿地積に比し想定整形地の地積が大きい土地

評価対象地（下図）を現地調査（概観）し、想定整形地の地積を求めたところ、次のとおりとなったので、これにより計算したかげ地割合をもとに評価額を計算しました。

評価対象地と想定整形地

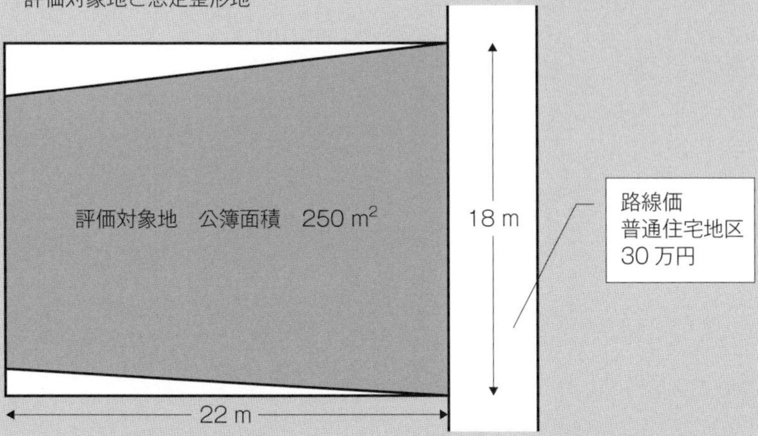

想定整形地　地積　396 m^2
※かげ地割合　0.37

税務調査官の指摘事項

土地の形状からみて、かげ地割合（37%）が大きすぎ、相当の縄伸びが容易に想定され、実測による評価が必要である。

解説

土地を評価する場合、全ての土地を実測することは要求されていません。

　しかし、縄伸びがあることが明らかな場合には、測量することとなります。

　本事例のように、想定整形地を求め、評価対象地と公簿地積をもとにかげ地割合を計算したところ、土地の形状に比べてかげ地割合が大きい場合、対象地に相当の縄伸びがあることが容易に判断されます。

　このような場合には、測量した実際の面積により申告をする必要があります。

事例 13　公簿地積に比して延床面積の広い建物の敷地

評価対象地の公簿地積は 200 m² で、地上には平成 11 年に建築された 3 階建、延床面積 450 m² の共同住宅があります。

地積測量図等はなかったことから、公簿地積で評価して申告しました。

なお、評価対象地は、幅員 4 m の道路（建築基準法上の道路）に接し、都市計画法上の用途区分は準住居地域で、指定容積率は 200%、幅員 12 m 未満の道路に接する土地の容積率を計算する場合の乗数は 40 です。

税務調査官の指摘事項

公簿地積（建物の敷地。200 m²）に比して建物の床面積（450 m²）は広く、実測又は建築確認申請時に測量した地積などにより評価する必要がある。

解説

建物の延床面積は、容積率の制限を受けます。

容積率の計算は、本事例の場合、道路幅員による容積率 4×40＝160 % で、指定容積率 200% より低いことから、160% が評価対象地の容積率となります（【事例 10】「実務のアドバイス」表 2 参照）。

そうすると敷地の地積は 200 m² ですから、その敷地に建築できる建物の床面積は 200 m²×160%＝320 m² 程度となりますが、建築されている建物の床面積（450 m²）はそれよりも大きく、これは敷地面積が公簿地積より広い（1.4 倍程度の縄伸びがある）ことが想定されます。

本事例の場合は、市区町村又は県の窓口で「建築計画概要書」（建築確認申請時に市区町村等に提出されたもので閲覧、複写の請求が可能です。）を入手して、建築計画概要書に添付されている敷地面積、そこに添付されている建築確認申請時の敷地の測量図の地積（必要に応じて実測した地積）により申告をすることとなります。

ADVICE 実務のアドバイス

【建築計画概要書とその請求】

※大阪市の場合（大阪市ホームページより抜すい）

建築計画概要書（注）等とは、建築基準法に規定する建築確認等がなされた建築物等について、建築物の概要（建築物の建築主、建築場所、高さ、敷地・建築・延べ床の各面積など）やその建築物の位置・配置を図示した図面、完了検査等の履歴が記載された書面で、特定行政庁の窓口において閲覧所を設置し、閲覧することができます。また、その写しを交付することもできます。

（注）　ただし、建築物の建築計画概要書は、昭和46年1月以降に建築確認申請が受付されたものに限ります。

（以下省略）

※東京都の場合（東京都都市整備局ホームページより抜すい）

住宅などの建築物を購入したり、賃借するときには、その建築物が建築確認や中間検査、完了検査が行われたものであるかどうかの情報を得ることが重要です。

また、周囲で建築が行われようとするときに、その建築物がどのようなものであるかを知りたい場合があります。

このような観点から、建築基準法では、建築物の概要や検査等の履歴を記載した建築計画概要書を都道府県や建築主事のいる市区町村において閲覧できるようになっています。

閲覧できる建築計画概要書は、平成11年度以降に都又は指定確認検査機関に建築確認申請がなされた23区内及び島しょの建築物等です…中略…建築主事を置く10市（追記参照）はそれぞれの市（建築確認所管課)、下記10市以外は多摩建築指導事務所にお問い合わせください。また、区が建築確認をした建築物等については、物件が所在する区にお問い合わせください。

（追記） 八王子市、町田市、日野市、立川市、府中市、調布市、三鷹市、武蔵野市、国分寺市、西東京市

【閲覧方法】

(以下省略)

事例 14 土地の売買契約中に相続が発生した場合

被相続人Xは、甲土地を1億円で売却する売買契約を締結し、手付金1,000万円を受領し、残金9,000万円は、引渡し時に受け取ることとしていたところ、引渡し前にXの相続が開始しました。

共同相続人間の遺産分割協議により、甲土地は長男が取得し、売却先に所有権を移転していることから、甲土地は相続税評価額の8,000万円、手付金1,000万円は預り金（債務）として相続税の申告をしました。

税務調査官の指摘事項

売買契約は成立していることから、甲土地については、9,000万円は金銭債権、手付金1,000万円は預貯金などに含まれているものとして申告をしなければならない。

解説

売買契約中に相続が発生した場合の相続財産については、引渡し前であっても、相続財産である土地、建物は、残代金請求権となっていますから、残代金請求権の金額がその土地の価額となります。

この場合、手付金などについては、相続財産である預貯金などに含まれているものと考えられます。

譲渡所得の申告については、被相続人が行うか相続人（長男）が行うかで次のような違いがあります。

なお、仲介手数料など土地の譲渡契約に伴い確定している債務は、相続開始までに支払われている金額を除き債務控除の対象になると考えます。

・被相続人の譲渡所得として申告する場合

所得税は債務控除の対象となります。

この場合、被相続人が死亡しているため、譲渡所得について住民税の課税はないことから、この部分は債務控除の対象となりません。

・相続人（長男）の譲渡所得として申告する場合

所得税は相続人（長男）の負担ですから、債務控除の対象となりません。

譲渡所得については、相続開始3年以内に譲渡があったものとして甲土地に係る相続税の取得費加算の適用があり、取得費加算の計算の場合の相続税の「課税価格の計算の基礎に算入された資産」の額（措法39条1項、措令25条の16）は、残代金請求権の価額（9,000万円）となります。なお、住民税や国民健康保険税などは、譲渡所得を含めて計算され相続人（長男）に課税されます。

ADVICE 実務のアドバイス

【買主側の不動産の評価、相続税対策としての不動産の利用と評価通達第6項】

売主に相続が開始した場合は本事例のように売買代金債である（最高二小判昭和61年12月5日訟務月報33巻8号2149頁）とされていますが、買主に相続が発生するとどうなるのでしょうか。

これについては、買主は相続開始時点では所有権を有しておらず、相続税の課税財産に含まれるものは、土地の所有権移転請求権等の債権的権利であり、その財産の価額は、当該土地の売買契約における売買価額である（最高二小判昭和61年12月5日訟務月報33巻8号2154頁）とした裁判例があります。

ところで、最近、東京地裁が注目すべき判決をしました（東京地判令和元年8月27日平成29年（行ウ）539号)。概要は次のとおりです。

被相続人は甲乙2つの不動産（いわゆるタワーマンション）を全額借入金で購入し、約2年後に相続が開始し、相続税評価額に基づいて申告したのですが、乙不動産について、相続人が法定申告期限までに相続税評価額の約4倍の価額（取得したときの価額とほぼ同水準の価額）で譲渡していました。そこで課税庁は、乙不動産について譲渡価額に基づく評価額で評価すべきとし、さらに甲不動産についても時価を算定し直して更正処分をしたことにつき、裁判所が評価通達6項を適用した課税処分を適法と判断しました。

この評価通達6項を適用した課税庁の処分について裁判所は、「評価通達の定める評価方法を画一的に適用するという形式的な平等を貫くことによって、かえって租税負担の実質的な公平を著しく害することが明らかな場合には、別の評価方法によることが許されるものと解すべきであり、このことは、評価通達6が、この通達の定めによって評価することが著しく不適当と認められる財産の価額は、国税庁長官の指示を受けて評価する旨を定めていることからも明らかである。

したがって、評価通達の定める評価方法を画一的に適用するという形式的な平等を貫くことによって、かえって租税負担の実質的な公平を著しく害することが明らかな場合には、評価通達の定める評価方法によらないことが相当と認められる特別の事情があるものとして、他の合理的な時価の評価方法によることが認められるものと解すべきである。」としています。

この判決に係る事案は、相続税評価額に対して実際の譲渡価額が約4倍にもなり、取得資金に充てた借入金と甲乙不動産の相続税評価額との差額により生じた巨額のマイナスにより相続税が算出されない結果となっていたなど個別の事情があったことが考慮されたものと考えられますが、過去にも相続開始直前に借入金で取得した不動産の評価額と時価との差額がある場合において課税の公平の観点から、財産評価基本通達の定めによらない評価をすることが相当とされた裁判例（東京高判平成5年1月26日税務訴訟資料194号75頁）があり、借入金で取得した不動産につき、相続税評価額が借入金を大幅に下回る価額となるような場合には、その取得の事情を慎重に調査し、実際に時価が下がっているなどの合理的な理由がない場合には、税務調査において否認される可能性があるということに留意が必要です。

（参考）

財産評価基本通達6（「評価通達6項」）

（この通達の定めにより難い場合の評価）

評基通6　この通達の定めによって評価することが著しく不適当と認められる財産の価額は、国税庁長官の指示を受けて評価する。

②　預貯金口座の確認要領

被相続人の銀行口座には、クレジットカードの決済や電気、水道、電話等の公共料金の決済などに利用されるいわゆる「生活口座」のほかに、保険料、定期積立金などが引き落とされる「積立等連動口座」や住宅等の借入金の「返済口座」などを使い分けている場合があります。

ところで、これらの口座は、全て被相続人が管理し、入出金しているとは限りません。

預貯金口座の確認に当たっては、先入観にとらわれず、生活費などの出金などは、いつ頃からどのようなきっかけで、誰に任せていたか（例えば、亡くなる3年前までは被相続人自身が入出金を行っていたが、それ以降は、面倒をみていた長女が被相続人の指示に従って入出金していた）などについて、依頼者の話をよく聞いた上で、不明の出金がある場合にはその使途などを丁寧に解明しましょう。

また、銀行口座から貸金庫の使用料が支払われている場合があります。

その場合には、被相続人は普段どのように利用していたか、何を保管していたか、相続開始時点で貸金庫にどのようなものが保管されていたか（例えば、相続開始後誰が最初に金庫を確認したか、その時点で何が保管されていたか）などを丁寧に聞き取りましょう。

【事例15】から【事例19】までは、預金口座の動きなどから、どういうことが想定され、それをどのような手順で確認したらいいのかなどについて、実務のアドバイスを交えながら説明します。

なお、【事例16】は「名義預金」の判断基準を、【事例19】は、相続開始前の預貯金の出金など、特に税務調査官の指摘の多い事例を取り上げています。

事例 15　過去の銀行口座への配当の振込みと証券会社の取引

被相続人の名義で取引がされている金融機関全ての相続開始日現在の残高照会を行い、それに基づいて相続税の申告をしました。

なお、預貯金口座については、特に大口の出金は認められませんでしたが、過去の通帳に上場株式に係る配当の振込みがあったことから、相続人に聞いたところ、退職後、K 証券会社と取引がありましたが、5 年前に保有株式は全て処分していました。そこで K 証券会社に残高照会をしたところ、被相続人の投資信託（MMF）の口座に 5 万円弱があったことから、それを相続財産として申告しました。

株式の売却資金はその後の被相続人の生活費に充てられたものと考え、その取引内容は確認していません。

税務調査官の指摘事項

被相続人は過去の所得税の申告書に添付している「財産債務の明細書」などから相当の株式を保有しているが、相続税の申告書にはなく、それに見合う預貯金などの申告もない。K 証券会社の取引は 5 年前に終了しているが、遠方に住む家族の名義の取引があり、株式売却資金の流れなどを確認する必要がある。

解説

被相続人が所得税の申告をし、財産債務の明細書などを提出している場合は、必ず確認し、それら資産を売却している場合は、売却資金をどのように費消したか、それに見合う財産が相続財産に反映されているかを確認する必要があります。

その際、被相続人が取引をしていた金融機関に親族名義の口座があり、相当の有価証券や預貯金などを保有している場合は、その購入資金の出所などについても、相続人から可能な限り聞き取り、その有価証券や預貯金が名義株や名義預金なのか、家族の固有資産なのかを確認しましょう。

名義預金の判断については、次の【事例16】を参考にしてください。

ADVICE 実務のアドバイス

【被相続人の証券会社取引の把握方法】

相続税の申告に当たり、通常、証券や国債などについて保護預かりに係る残高証明や、それに併せて公開株式相続税評価参考価格などを金融機関に請求しますが、被相続人が行った証券の売却などについて詳しく知りたいときは、それだけでは足りません。

その場合は、金融機関に期間を指定して「顧客口座元帳」を請求し、それを確認することで、売買金額やその後の代金の流れなどを把握できます。

また、死亡年度の年初から死亡日までの譲渡益と配当益税の明細も請求することができ、これがあることで準確定申告を円滑に行うことができます。

なお、請求の手続は、通常、残高証明に併せて又は同様の手続で行うことが可能です。

事例 16　被相続人以外の名義の財産（預貯金）

被相続人 X（父）の死亡に伴い、自宅の金庫の中を確認したところ、X 名義の預金通帳のほかに、長男名義の定期預金証書（預入額 1,000 万円）が見つかりました。

この定期預金は、X の収入から預け入れたもので、X が管理運用していましたが、X がわざわざ長男名義としているところから、相続財産ではないと考え、相続税の申告に際して相続財産に加えていません。

税務調査官の指摘事項

自宅金庫にあった長男名義の定期預金は、被相続人の相続財産として申告しなければならない。

解説

預貯金の帰属は、①原資の負担者が誰かによって判断され、原資の負担者が不明な場合は、②管理、運用をしている者が誰か、③収益の帰属している者が誰かといった事実関係をもとに判断され、これらの事実が不明な場合は、④名義人に帰属すると推定されますが、それでも判断できない場合は、⑤その他の事実の総合判断となります（【事例 20】の〔参考〕参照）。

本事例の場合、預入れ原資の負担者は被相続人であり、管理・運用も被相続人でしたから、この定期預金は被相続人に帰属する財産であり、相続財産となります。

ADVICE 実務のアドバイス

【妻の「へそくり貯金」は誰のもの？】

上記解説のとおり、ある預貯金が相続財産となるかどうかは、名義にとらわれることなく、その預金や有価証券の取得資金を誰が負担したかによることとなります。例えば、妻名義の「へそくり貯金」は、その原資となった資金を出した者、すなわち家計費の負担者がもっぱら被相続人（夫）である場合は、被相続人（夫）に帰属する預金（相続財産）となります。

〔参考判例〕 東京地判平成20年10月17日税務訴訟資料258号11053順号

事例 17　相続開始前の自宅の改築などのための出金

被相続人は令和元（2019）年に死亡しましたが、死亡前の平成29（2017）年に普通預金の口座から800万円の出金がありました。その使途は自宅の改築でしたが、自宅は固定資産税評価額で申告しました。

税務調査官の指摘事項

自宅の外観も新しく、最近大規模な改築がされた跡が見て取れる。改築部分が、固定資産税の評価に反映されているかどうかを確認して、反映されていない場合改築部分の評価額を申告する必要がある。

解説

増改築等に係る家屋の状況に応じた固定資産税評価額が付されていない場合の家屋の価額は、増改築等に係る部分以外の部分に対応する固定資産税評価額に、その増改築等に係る部分の価額として、その増改築等に係る家屋と状況の類似した付近の家屋の固定資産税評価額をもとにして、その付近の家屋との構造、経過年数、用途等の差を考慮して評定した価額（ただし、状況の類似した付近の家屋がない場合には、その増改築等に係る部分の再建築価額から課税時期までの間における償却費相当額を控除した価額の100分の70に相当する金額）を加算した価額（課税時期から申告期限までの間に、その家屋の課税時期の状況に応じた固定資産税評価額が付された場合には、その固定資産税評価額）に基づき評基通89（家屋の評価）又は同93（貸家の評価）の定めにより評価します。

なお、償却費相当額は、評基通 89-2（文化財建造物である家屋の評価）の ⑵ に定める評価方法に準じて、再建築価額からその価額に 0.1 を乗じて計算した金額を控除した価額に、その家屋の耐用年数（減価償却資産の耐用年数等に関する省令に規定する耐用年数）のうちに占める経過年数（増改築等の時から課税時期までの期間に相当する年数（その期間に１年未満の端数があるときは、その端数は１年とします。））の割合を乗じて計算します。

ADVICE 実務のアドバイス

【増改築部分の具体的な計算方法】

課税時期（相続開始時）の増改築した部分の再建築価額は、増築面積や構造・部材などを示して業者から精通者意見を聴取する、あるいは鑑定評価を依頼しないと正確に把握することはできませんが、大きな価格変動がない場合は、増築に要した費用から相続開始時までの減価償却相当額を控除したものの 70% で評価して問題はないと考えます。

事例 18　保険料の定期的な支払

被相続人の預貯金口座から毎年１月に甲生命保険会社に 24 万円の送金が、毎年３月に乙保険会社に 24 万円の送金がありましたが、該当する保険証書などがないことから、それ以上確認することなく相続税の申告をしました。

税務調査官の指摘事項

被相続人の口座からの定期的な送金は、いずれも契約者、被保険者、保険金受取人が相続人の保険契約に係る保険料である。この場合、その保険契約に係る権利は、みなし相続財産として申告する必要がある。

解説

保険会社は、保険契約者に「保険契約書」のほかに、保険契約の内容などを記載した「契約内容のお知らせ」などを定期的に送付します。

しかし、保険契約者と保険金負担者が異なる場合、保険契約書、契約内容のお知らせは、保険契約者には送られますが、保険金負担者には送付されません。

このため、被相続人が保険金負担者である場合、「保険契約書」を所持していないことから、保険に関する権利が相続税の申告から漏れることがよくあります。

このような場合は、被相続人の預金口座からの預金の出金や振込みの記録などを手掛かりに、保険契約につき保険金の負担の有無を相続人から聴取することが大変重要です。

なお、このような保険契約に係る権利は、解約返戻金により評価（評基通214）し、みなし相続財産（相法３条１項３号、Ⅰ・第２・**４**（**１**）②の「みなし相続財産の例」（18頁）参照）として、保険契約者である相続人の課税価格に加えて申告することとなります。

なお、解約返戻金の金額は、「相続開始日」の解約返戻金を各保険会社に照会して確認します。

ADVICE 実務のアドバイス

【行き過ぎた保険加入】

例えば、相当の資産があっても、年金生活の場合は、月々の収入が少ないことから、年払いや月払いの保険料の支払は、貯蓄していた金融資産を取り崩したり、有価証券などを売却しないと支払えないケースもあります。

極端な場合、満期を待たずに保険を解約して新しい保険契約に係る保険料を支払うということにもなりかねません。

定期的に保険料を支払う保険契約を締結する場合には、勧められるままに保険契約をするのではなく、年収などに見合った保険料の支払とすることが大変重要です。

事例19　相続開始前の出金など

被相続人（令和元年８月１日死亡、半年前に肺がんで入院）のK銀行N支店の口座には、死亡の前月まで家賃が継続的に振り込まれ、入院前は常時500万円前後の預貯金がありましたが、相続開始現在の口座の残高は０円でした。

また、被相続人は同行から貸金庫を借りていましたが、相続開始後間もなく解約されていました。出金された預貯金は医療費などに費消したものと考え、特に調査せず、相続税の申告をしました。

税務調査官の指摘事項

相続開始の前月まで継続して家賃が振り込まれていたのに残高が0円になっており、口座からの出金分も含めて、その使い道などについて確認する必要がある。

また、貸金庫についても、相続開始後、いつ誰が開閉し、その時点で保管していたものは何かなどについて確認する必要がある。

解説

相続開始前後の預貯金の動きについて税務調査で指摘されることが多いのは、相続開始によって預金口座が閉鎖になることから、それまでに被相続人の入院費用や葬式費用などのために相続人が現金を引き出して手元に置いている場合です。

このような場合、相続開始時点で手元にある現金は、被相続人の手元現金として申告する必要があります。

他方、貸金庫の利用がある場合、預貯金から出金した現金を保管していたり、貴金属などを保管していることがあります。

そのような点も含めて、確実に財産を調査して申告内容に反映させる必要があります。

ADVICE 実務のアドバイス

【余分な税金を支払わないために】

例えば、被相続人口座から次のような出金がある場合を考えます。

① 被相続人の急死などに備えて相続人の口座に預貯金を移管している

② ①と同じ理由で出金して現金を自宅や貸金庫に保管している

③ 数年かけて孫名義の預貯金に移している

④ 有価証券などを親族名義で購入している

このような現金出金について、相続人の中には「現金で持っていたら税務署にわからない」「家族名義ならわからない」「被相続人のこの遺産額で税務署の調査はない」といった根拠のないうわさがあるようです。

そして、税務調査で現金出金について聴取され、「そのようなものはない」などと答弁したところ、その後の調査により上記①～④の事実が判明した場合、「修正申告」による相続税の追加納付だけでなく、遺産隠蔽のために虚偽の答弁をしたなどとして、重加算税などを納付しなければならない、さらに配偶者の税額軽減の特例を受けることができず納税が増える（【事例47】参照）などの事態となることもあります。

このような事態にならないためにも、使途のわからない出金などがある場合には、特に上記①～④のようなことがないかどうかを相続人全員でしっかりと調査・確認し、「名義預金や手元現金を課税価格に加える」、贈与税の申告漏れがある場合は「贈与税の申告をする」など必要な手続をしておくことが大切です。

正しい申告をすることで、重加算税や延滞税など余分な税金を支払うことはなくなります。

(2) 被相続人の職業・経歴などに応じた財産調査

被相続人は誰一人同じ人はいません。また、誰一人として同じ資産を持っている人もいません。

しかし、職業や経歴などによって、資産形成などに共通するものもあり、例えば、被相続人が非上場会社の経営者であれば多くの場合、経営する会社の株式を所有しているなどの共通点があります。

そういったところに着目して、以下では職業や経歴等などに応じた事例を取り上げます。

①　生前に資産の譲渡、退職に伴う退職金の受取りなどがある場合

被相続人が生前に、資産の譲渡や退職金などを受領している場合は、その譲渡代金や退職金の使途が相続財産にどのように反映されているかを確認します。

現預貯金資産が被相続人から流出している場合は、流出した資金を原資として家族名義の預貯金が発生していないか、もしあるとすれば、それは贈与などによって移転したものか、名義預金なのかなどを解明する必要があります。

事例 20　過去に高額の土地の譲渡収入がある場合

被相続人は年金所得者で、住民税の申告しかなかったことから、資金の流れなどは確認せず、預貯金、有価証券などの残高証明のみにより相続税の申告をしました。

なお、相続開始５年前に土地の譲渡があり、孫などへの現金贈与があると聞きましたが、バブル期に購入した土地で多額の譲渡損があったことから、譲渡代金について調査はしていません。

税務調査官の指摘事項

たとえ赤字であっても相当の金額で譲渡している場合は、譲渡代金が相続財産に反映されているかどうかを確認する必要がある。

譲渡代金受領時直後に発生している孫名義の預貯金などは、いつどのようにされたか、名義預金などはないかなどについて検討する必要がある。

解説

譲渡代金や退職金などを受け取った場合、それに見合う預貯金やそれを原資として購入した資産が申告に反映されているかを確認する必要があります。

その時期に、新たに証券会社の取引や預貯金や投資信託の口座が本人名義で開設されると同時に、家族名義の預貯金や投資信託などの口座が開設され、多額の入金がされていることもあります。

このような場合は、それらの預貯金等の原資は現金贈与なのか、単に家族の名義を借りただけで実質は被相続人の財産なのかを確認して申告をする必要があります。

同時に、契約者、被保険者、保険金受取人が家族名義で保険料の負担者が被相続人である大口の養老保険契約をしていることもあります。この場合、保険契約についてもよく確認し、生命保険に係る権利の申告漏れがないように気を付けましょう。

名義預金であるかどうかの判断に当たっては、【事例16】の解説のとおり、①原資の負担者が誰か、原資の負担者が不明な場合は②管理、運用をしている者が誰か、③収益の帰属している者は誰かといった事実関係を聴取・確認して、被相続人の遺産であると判断できる場合は、相続財産に含めて申告することとなります。

〔参考〕 他人名義の定期貯金が相続財産であるとされた裁決例

平成3年1月18日裁決（裁決事例集No.41　271頁）は、被相続人名義の他の定期貯金と本件定期貯金の届出住所、届出印鑑及び申込書の筆跡が同一であること、本件定期貯金の利息と被相続人名義の定期貯金の利息とを合わせて別段預金とした上で現金にしているが、これに使用された印鑑がすべて同一であること、被相続人には、本件定期貯金の基となった定期貯金と被相続人名義の定期貯金を設定した頃、土地譲渡代金が入金していたこと等からすると、本件定期貯金の資金源は譲渡代金と認められ、被相続人が非課税貯蓄に着目して孫の名義を使用して、本件定期貯金を設定したものと推認することができ、原処分は相当であるとし、孫名義の定期貯金は相続財産であるとされています。

② 個人事業者

個人事業者の場合は、最低過去５年分の確定申告書を確認することになります。

青色申告をしている場合は、青色決算書（貸借対照表、損益計算書）などの確認は必須です。

配偶者が事業専従者となっている場合は、過去に遡って「専従者給与」の金額を調べておきましょう。配偶者に多額の預貯金がある場合でも、原資が専従者給与であれば、仮に税務調査で名義預金ではないかという指摘を受けても、配偶者の預貯金であることを容易に説明できます。

また、申告書や決算書からは、

・振替納税をしている金融機関
・生命保険料控除を受けている保険会社
・財産債務の明細書にある各種財産
・貸借対照表にある事業用資産

などがわかります。

これらの情報は、被相続人の預貯金、有価証券、生命保険金（生命保険に関する権利）などの把握や申告漏れの財産がないかなどの確認に役立ちます。

以下では、個人事業者について、基本的な事例を取り上げています。

事例 21　棚卸資産である土地の評価

被相続人は、個人で不動産仲介及び不動産販売業をしていました。

相続開始日現在で、販売用の土地及び同土地上の中古家屋を所有していましたが、それらの不動産については、路線価及び固定資産税評価額をもとに評価して申告をしました。

税務調査官の指摘事項

相続財産が土地や建物であっても、販売用不動産であり棚卸資産に該当する場合は、棚卸商品等の評価をすることとなる。

解説

相続財産が土地や建物であっても、棚卸資産に該当する場合は、財産評価基本通達第２章「土地及び土地の上に存する権利」、第３章「家屋及び家屋の上に存する権利」の定めで評価するのではなく、第６章「動産」の第２節「たな卸商品等」の定めで評価の不動産であっても、評基通 4-2（不動産のうちたな卸資産に該当するものの評価）の定めにより評基通 132（評価単位）及び 133（たな卸商品等の評価）により評価します（国税庁質疑応答事例「不動産販売会社がたな卸資産として所有する土地等の取扱い」参照）。

（算式）

販売不動産の評価額 ＝ 販売価格 － 適正利潤 － 予定経費

ADVICE 実務のアドバイス

【棚卸資産の評価】

被相続人が個人事業で販売業を行っていた場合には、動産についても財産評価基本通達第６章第１節の「一般動産」の評価ではなく、第２節の「たな卸商品等」の評価をしなければならないことに留意が必要です。

なお、決算書には、棚卸資産として長年上積みされた在庫が相当の金額となっている場合があります。

このような在庫については、経年劣化しているものや陳腐化しているものもあります。そのため、棚卸資産は、本来定期的に見直し、所得税の確定申告の際に所要の整理をしておくべきです。そうしておくことにより相続時に慌てることはありません。

事例 22　事業承継者の青色申告承認申請

被相続人Ｘは長男Ａと工務店を経営していましたが、今年３月に亡くなりました。
Ｘは、青色申告の承認を受けて所得税の申告をしていたことから、事業を引き継いだ長男Ａは、何ら手続をすることなく、青色申告により所得税の確定申告を行いました。

税務調査官の指摘事情

Ａは、相続開始の日から４か月以内に青色申告承認申請書を提出しなければならない。

解説

青色申告の承認は、青色承認申請書を提出した者に与えられるもので、承認を受けた者がその業務を継続する限りにおいてその効果が継続する一身専属的なものですから、相続により承継されるものではありません。

このため、事業を承継する相続人は、青色承認申請書を提出する必要がありますが、その提出期限は次のとおりです。

① 相続開始日が１月１日から８月31日までの場合…相続開始から４か月以内

② 相続開始日が９月１日から10月31日までの場合…その年の12月31日まで

③ 相続開始日が11月１日から12月31日までの場合…翌年の２月15日まで

なお、事業用の不動産が未分割で青色承認申請を受ける場合は、各共同相続人が申請をする必要があり、分割確定したことで事業を承継しないこととなった場合には、取りやめ届出書を提出することとなります。

〔参考判例〕青色承認申請に係る判例（最高三小判昭和62年10月30日判例時報1262号91頁）

相続により事業を承継したものの青色承認申請をすることなく長年青色申告による確定申告をしていた者に、税務署が更正処分をしました。これに対して処分を受けた者は、税務署が長年にわたり青色申告を受理していたにもかかわらず処分することは「信義則」に反するとしてその処分の取消しを求めて訴訟となりました。

福岡高裁は、この訴えを認め処分を取り消しましたが、最高裁は、課税の公平の見地から「信義則」の適用を制限し、原判決（高裁判決）を破棄、差し戻しており、その判決の中で、青色承認申請について、この「承認を受けた居住者が一定の業務を継続する限りにおいて存在する一身専属的なもの」であるとしています。

事例 23　準確定申告に係る医療費控除と還付金等

被相続人は、個人で事業をしていましたが、相続開始半年月前に体の不調を訴え入院し、入院中に死亡しました。

入院費用は、存命中は被相続人が支払っていましたが、相続開始後に請求があった医療費は長男Ａが支払いました。

被相続人の準確定申告に当たり、相続開始後長男Ａが支払った医療にも含めて医療費の全てを医療費控除の対象として、被相続人の事業所得と併せて準確定申告を済ませ、還付金と還付加算金を受け取りました。

なお、還付金や還付加算金は、相続開始後に発生したものですから相続税の課税価格に加えていません。

税務調査官の指摘事項

相続開始後に支払った医療費は、被相続人の医療費控除の対象とならない。

また、準確定申告に係る還付金は相続財産として申告しなければならない。

なお、還付加算金は、相続人の雑所得となる。

解説

医療費控除の対象となる医療費の金額は、その年中（準確定申告では死亡日以前）に実際に支払われた金額となります（所基通 73-2）から、相続開始後に支払った医療費は、被相続人の医療費控除の対象となりません。

ただし、長男Ａが被相続人と生計を一にする親族である場合は、長男Ａの医療費控除の対象となります。

還付金請求権は、被相続人の死亡後に発生するとしても、被相続人の生存中に潜在的な請求権が被相続人に帰属しており、これが被相続人の死亡により顕在化したものと考えられます。

したがって、これらの請求権に基づいて還付金を取得した場合は、相続税の課税の対象となります。

なお、還付加算金は、被相続人の相続によって取得するものではなく、相続人の所得（雑所得、所基通35-1⑷）として所得税の課税対象となり、相続税の課税価格には算入されません。

ADVICE 実務のアドバイス

【納付税額がある場合は準確定申告の期限を遵守】

準確定申告により納付することとなる所得税等は、相続税の債務控除の対象となります。

しかし、期限内に準確定申告をしなかったことなどによる無申告加算税や延滞税は、納税義務を承継した相続人の責めに帰す事由により納税しなければならなくなったものですから、債務控除はできませんのでご注意ください（相法14条2項、相令3条1項ただし書、【事例36】参照）。

③　被相続人が同族会社を経営している場合

被相続人が同族会社を経営している（いた）場合は、

・同社（非上場会社）の株式の保有及び移動の状況
・同社と被相続人との間の土地等の貸借
・同社からの退職功労金や弔慰金の支払
・同社との金銭の貸借

などについて確認しましょう。

これらは、贈与加算や株式の評価に大きな影響を与える要素となります。

以下では、これらの確認の重要性について、事例を通じて確認します。

事例 24　法人税申告書別表 2 の株主や株主名簿の移動

被相続人が経営していた甲社の法人税申告書別表 2（同族会社等の判定に関する明細書）記載の被相続人の株式数が相続開始数年前から減少していました。また、同別表 2 や株主名簿に記載されている株主の中に、相続人や会社関係者が知らない者がいましたが、それらについて特に調査することなく相続税の申告をしました。

税務調査官の指摘事項

法人税申告書別表 2 や株主名簿記載の株主については、課税時期に実際に存在するのか、実際に株主として必要な通知、配当などを受けているのか、また、株式に移動がある場合、いつどのような原因で移動しているのか確認する必要がある。

解説

被相続人が非上場会社を経営している場合、その会社の株式を評価をする必要があり、そのためには課税時期（相続開始時）の株主構成を確認しなければなりません。

その際、法人税申告書別表 2 や会社に備え付けられている株主名簿に記載されている株主の存在、株式数の移動の状況、譲渡制限のある株式であれば同社の取締役会等の同意の有無などを丁寧に確認します。

株式の移動が「相続開始前 3 年以内の贈与財産」であれば、相続税の課税価格に加算しますし、株主として記載されている者が実在せず、会社設立時などに単に被相続人が名義を借りていただけで、実質は被相続人が出資したものであれば、「名義株」であり、それを相続財産として

相続税の課税価格を計算します。

事例 25　同族会社に賃貸されている土地

被相続人X（相続人は長男A及び次男B）は、経営していた甲株式会社（相続開始時点で長男A及び次男Bが100％株式を保有する同族会社、以下「甲社」といいます。）に社屋の敷地として乙土地を賃貸しており、被相続人Xと甲社の間で、社屋の建築を目的とした借地契約を締結していることから、乙土地を一般の借地権が設定された宅地として評価しました。

また、乙土地は、遺産分割協議により次男B（一般の会社員として甲社に入社し、相続税の申告期限までに役員に就任）が取得し引き続き甲社に貸し付けていることから、特定同族会社事業用宅地として小規模宅地等の課税の特例を適用しました。

なお、甲社は、乙土地の賃貸に当たり、税務署に「土地の無償返還の届出書」（以下「無償返還届出書」といいます。）を提出しています。

税務調査官の指摘事項

被相続人Xが甲社に乙土地を貸し付けるに当たり、税務署に無償返還届出書を提出していることから、乙土地は一般の借地権が設定された宅地として評価しない。

また、被相続人Xが相続開始直前に甲社の株式を保有していないことから、仮に次男Bが甲社の役員であっても、特定同族会社事業用宅地には該当せず、小規模宅地等の課税の特例の適用はない。

解説

無償返還届出書が提出されている貸宅地については、その土地の自用地としての価額の80％で評価します。

小規模宅地等についての相続税の課税価格の計算の特例を適用するためには、相続開始直前に被相続人を含む株主グループで50％超の株式を有していなければなりませんが、被相続人は甲社の株式を保有していませんので、次男Ｂが相続税の申告期限までに役員となっていても、乙土地は特定同族会社事業用宅地に該当しません。

ADVICE 実務のアドバイス

【事業承継税制との接点】

先代経営者（特定贈与者）が長男に非上場会社の株式の全てを贈与することにより、長男が非上場株式に係る特例納税猶予の適用を受けている場合で、先代経営者がその非上場会社に土地を貸し付けている場合のその土地は本事例と同様に先代経営者の相続税の申告の際、特定同族会社事業用宅地等に該当しないこととなります。

このため、非上場株式に係る納税猶予の特例制度と小規模宅地等の課税の特例のメリットを最大限受けるためには、非上場株式の贈与に際し、可能な場合には先代経営者が同社の株式を最小限保有することも考えておく必要があります。

事例 26　取引相場のない株式の評価上の留意点

甲株式会社（以下「甲社」といいます。）の株式の評価（原則的評価方式で評価）に当たり、役員、従業員やパートなどを含めると従業員は30人になることから、中会社（Lの割合0.75）と判定して評価をしました。

また、甲社の純資産評価額の計算に当たり、被相続人（相続開始時の月給は50万円）に死亡退職金1億円と弔慰金100万円を支払っていることから、これを債務として計上しました。

なお、甲社には役員死亡に伴う保険金が2億円支払われますが、これについては評価上考慮していません。

税務調査官の指摘事項

甲社の従業員は30人であるが、専務、常務取締役2人を除くと常時従業員は1人でその他はパート職員であり、従業員数は勤務時間で換算する必要がある。

純資産評価額の計算に当たり、死亡退職金の債務計上だけでなく、支払われる保険金（保険金請求権）を資産の部に計上するとともに、生命保険金請求権の金額と未払退職金の差額に係る法人税相当額を債務に計上する必要がある。

弔慰金は儀礼的な範囲であり、非課税相当であるため債務に計上されない。

解説

取引相場のない株式に係る会社規模の判定をする場合の従業員数につ

いては、継続勤務従業員以外の従業員数は、1年間のその従業員の労働時間の合計数を1人当たりの年間労働時間（1,800時間）で除して求めた人数です（評基通178）。

死亡後に支給が確定した退職手当金、弔慰金の支払がある場合で、本事例のように役員の死亡に伴う生命保険金請求権が発生する場合の純資産の計算では、資産の部の相続税評価額欄及び帳簿価額欄の両方に「生命保険金請求権」を計上するとともに、それに対応する「保険料」を積立保険料の相続税評価額及び帳簿価額欄の両方から控除します。それとともに、保険金請求権が支払った死亡退職金債務を超えるときは、その差額に係る法人税相当額を負債の部の債務（相続税評価額欄及び帳簿価額欄の両方）に計上します（以下の記載例参照）。

なお、弔慰金の債務計上は、原則として認められませんが、その全てが退職金に含まれて相続税の対象となる場合は可能です。

〔「取引相場のない株式（出資）の評価明細書第５表」の記載例〕

資産の部			負債の部		
科目	相続税評価額	帳簿価額	科目	相続税評価額	帳簿価額
・ ・	・ ・	・ ・	・ ・	・ ・	・ ・
生命保険金請求権	200,000	200,000	未払退職金	100,000	100,000
			保険差益に対する法人税等相当額（※）	37,000	37,000

※保険差益に対する法人税相当額＝(生命保険金請求権－未払退職金)×37％

事例 27　累積赤字がある同族会社への貸付金

被相続人Ｘは、甲株式会社（以下「甲社」といいます。）を経営していましたが、甲社は被相続人Ｘから運転資金を借り入れていました。相続開始時点での被相続人Ｘの甲社に対する貸付金は１億円でしたが、累積赤字があり、甲社の株式を純資産評価しても評価額が算出されないことから、Ｘの甲社に対する貸付金は０円として相続税の申告をしました。

税務調査官の指摘事項

相続開始時点で貸付金として現に存しており、債務者である主催法人も営業をしていることから、貸付金を額面で評価して申告する必要がある。

解説

貸付金債権については、返還されるべき元本の価額と既経過利息として支払を受けるべき金額との合計額によって評価します（評基通204）。

なお、その主催法人について、課税時期に例えば「手形交換所の取引停止処分を受け」又は「会社更生手続の開始の決定」（例示）があることや「その他その回収が不可能又は著しく困難であると見込まれるとき」においては、それらの金額は元本の価額に算入しない（評基通205）とされています。

そこで本事例の貸付金が「その他その回収が不可能又は著しく困難であると見込まれるとき」に当たるかどうかを判断することとなりますが、この規定の趣旨は、財産評価基本通達に例示されている事実と同視できる客観的かつ明白な事情が存在する場合に認められると解されるため、単に経常赤字が継続しているだけでは認められません。

ADVICE 実務のアドバイス

【貸付金債権の評価に係る裁決例】

平成14年2月26日裁決（裁決事例集No.63　576頁）は、「債務者が弁済不能の状態にあるか否かは、一般には、破産、和議、会社更生あるいは強制執行等の手続開始を受け、又は事業閉鎖、行方不明、刑の執行等により、債務超過の状態が相当期間継続しながら、他から融資を受ける見込みがなく、再起の目途が立たないなどの事情により、事実上債権の回収が不可能又は著しく困難な状況であるこが客観的に認められるか否かにより判断すべき」という判断基準を示した上で、納税者の請求を棄却しています。

他方、個人（第三者）に対する貸付金債権で平成24年9月13日裁決（裁決事例集No.88）は、債権の存在を認定した上で、債務者は、①相続開始前3年間市民税の課税事績がない、②課税時期に居住している市内に不動産を有していないし、債務者名義で返済原資になる預貯金を保有していた事実はない、③このような資産状況であるにもかかわらず1億円の被相続人に対する借入金があったことは、債務者が「著しい債務超過の状態にあったと判断するのが相当である」としています。

以上、貸付金債権の評価の実務の参考となる裁決例を2例紹介しましたが、この裁決の活用に当たっては、その前提となる事実関係の把握が大変重要です。

具体的には、貸付金債権に係る金銭消費貸借契約書などを確認するだけでなく、その金銭消費貸借に係る保証契約の有無、その貸付けの目的、貸付けに係る金銭支払の手段・方法・時期、その貸付金の使途、貸付金の元本や利息の回収手段・方法・時期、課税時期の残債務の額、支払が遅延している場合は、被相続人の催告などの有無を把握するとともに、債務者等（連帯保証人がいる場合はその者も含みます。）の事業、生活の状況や財産の保有状況などについても可能な限り把握して、その把握した事実関係が上記裁決例の判断基準に該当するかを検討することとなります。

(3) 死亡保険金と各種給付金

生命保険契約に基づき支払われる保険料の中には、単に被保険者の死亡に伴い支払われる死亡保険金だけでなく、被保険者の入院、手術に伴い支払われる保険金（以下「入院等に伴う保険金」といいます。）もあります。

また、死亡保険金を外貨建てで支払われるものもあります。

さらに、保険金の支払が遅れた場合、遅延利息なども同時に支払われることもあります。

相続税の申告実務では、これらの支払を

・みなし相続財産としての死亡保険金

・本来の相続財産

・相続人の所得

に区分して、本来の相続財産に当たるものは遺産分割協議が必要な財産のリストに加えます。

また、みなし相続財産については、死亡保険金や退職金などに区分して、支払者や受け取った金額などを記載したリストを作成します。

相続人の個人所得に当たるものについては、該当する相続人の確定申告の資料として保管します。

ここでは、支払を受けた保険金の確認方法、外貨建ての保険金の扱い、みなし相続財産と遺産分割協議を事例で解説します。

【事例 30】の解説の後に保険会社からの保険金支払明細を載せていますので、実務の参考にしてください。

事例 28　同一の保険契約に基づいて、死亡後に支払われる入院等に伴う保険金と死亡保険金が支払われる場合

被相続人の死亡後、配偶者の口座にＡ保険会社から同一の保険契約に基づいて、次のとおり入金がありました。

死亡後に支払われたものであることから、全てを死亡保険金として申告することとしました。

〔保険金の入金（例）〕

普通預金

年月日	取扱店	お預かり金額	摘　要
30 - 05 - 15		振込　720,000	○○生命
30 - 05 - 20		振込　60,000	○○生命
30 - 05 - 20		振込　15,267,000	○○生命

税務調査官の指摘

保険金の内容はさまざまで、例えば入院等に伴う保険金は、被保険者の死亡を原因として支払われるものではないことから、死亡保険金ではない。また、入院や手術など保険金の支払も相続開始前に確定していることから、そのような場合は未収保険金として申告する必要がある。

解説

保険金は、保険金受取人の請求を受けて支払うものですが、保険契約によっては、同一の保険契約で、被保険者の死亡時（死亡保険金）だけでなく疾病に伴い入院した場合や手術時に支給される保険金もあります。

被相続人が相続開始前に疾病により入院し、手術を受けている場合で、保険金の請求が相続開始後になる場合は、死亡保険金の請求と同時

に入院等に伴う保険金の請求を行うことがあります。

この場合、死亡保険金と入院等に伴う保険金が同じ時期に支払われることがありますが、これらの保険料のうち、死亡保険金はみなし相続財産、入院等に伴う保険金は、被相続人の本来の相続財産（所得税法上は非課税（所令30条1項）で準確定申告による申告は不要）となります。

なお、入院等に伴う保険金については、保険契約で被相続人以外が受け取ることとなっているものもありますが、その場合は、被相続人の相続財産ではなく受け取る者の所得（一時所得）となり、その者が配偶者若しくは直系血族又は生計を一にする同居の親族である場合は非課税（所基通9-20）とされています（【事例30】を参照）。

事例 29　外貨建て生命保険金の受領等

外貨建て死亡保険金を邦貨で請求したところ、400 万円の振込みがあったので、受領した金額を他の生命保険金と併せて相続税の申告をしました。

税務調査官の指摘事項

保険金の支払は、保険事故発生時に確定することから、外貨建ての保険の場合、保険事故発生日のレートで換算する必要がある。

死亡保険金と同時に支払われる配当金などは死亡保険金に加えて申告する必要はあるが、遅延利息は受取人の所得となる。

解説

外貨建ての死亡保険金については、相続開始日に外貨建てで金額が確定することから、相続開始日の TTB レートで邦貨換算（評基通 4-3）して申告額を計算します。

しかし、死亡保険金は相続開始後に請求しますから、実際の支払金額は相続開始後数日を経た支払日のレートで計算されますので、為替相場の変動により実際に受け取る金額と相続税の申告に記載する金額は同額ではありません。

申告に当たっては、保険会社から送付される保険金明細書をよくご確認ください。

ADVICE 実務のアドバイス

【外貨建て財産、債務の評価】

外貨建ての生命保険金だけでなく、外貨建てによる預貯金などの財産は、原則として、課税時期（相続開始時）の最終のTTBレート（邦貨換算を行う場合の売買相場のうち、いわゆる対顧客直物電信買相場）で換算して評価します（評基通4-3本文）。

これに対して、外貨建ての債務がある場合の邦貨換算は、TTSレート（貨換算を行う場合の売買相場のうち、いわゆる対顧客直物電信売相場）で評価します（評基通4-3（注））。

事例 30　前納保険料（みなし相続財産）と遺産分割協議

被相続人である夫の死亡（保険事故）により配偶者は、N 生命から死亡保険金 1,600 万円とその保険契約について、夫が支払った前納保険料 160 万円を合わせて受け取りました。

死亡保険金はみなし相続財産として保険金受取人（配偶者）が取得し、前納保険料 160 万円は前払い金であることから、遺産分割協議により、長男が受け取ることとしました。

税務調査官の指摘事項

みなし相続財産とされる死亡保険金には、その保険金とともに払戻しを受ける前納保険料も含まれるから、遺産分割協議はできない。

解説

相続税法第３条第１項第１号の規定により相続又は遺贈によって取得したものとみなされる保険金には、本来の保険金のほか、保険契約に基づき分配を受ける剰余金、割戻しを受ける割戻金及び払戻しを受ける前納保険料で保険金とともに保険金受取人が取得するものを含むものとされています。

したがって、死亡保険金と同様に遺産分割の対象とすることはできません。

〔参考資料〕保険金支払案内などの記載例

保険金の支払が遅延した場合、次の例のように、振込金額の全額が死亡保険金ではない場合がありますのでご注意ください。

ご請求いただいた保険金等について

対象となる保険契約及び振込先口座

保険証書番号	XX-XXXX
請求日	令和○年○月○日
振込予定日	令和○年○月○日
振込金額	12,365,079
金融機関名	（省略）
口座名義人	（省略）

振込金額の明細

保険金の種類	死亡保険金
振込金額	12,365,079
保険金	12,000,000
契約者配当金	360,000
未経過保険料（前納保険料）	0

この部分が死亡保険金の範囲です。（相基通 3-8）

※支払期限を超えるため 5,079 円をお支払いします。
　遅延日数は 3 日で年率 5% で計算します。

遅延利息は、保険金受取人の所得（雑所得）となります。

ADVICE 実務のアドバイス

【遺族が未支給年金を受領した場合】

死亡した時に支給されていなかった年金を配偶者などが請求し支給を受けた場合は、その配偶者などの一時所得の対象となり（所基通 34-2)、相続税は課税されません。

なお、厚生年金や国民年金などを受給していた人が死亡したときに、遺族に対して支給される遺族年金については、法令の規定により、原則として所得税も相続税も課税されません（国民年金法第25条と厚生年金保険法第41条第2項に公課を課することができない旨規定されています。）。

4　債務控除

相続人や包括受遺者は、相続開始の時から、被相続人の財産に属していた一切の権利義務を承継します（民法896条）から、承継する債務は、被相続人の借入金はいうに及ばず、連帯債務や保証債務なども含まれます。

これに対して相続税法は、「被相続人の債務で相続開始の際現に存するもの（公租公課を含む。）」としていますから（相法13条1項1号）、相続開始時点で単に債務保証をしているというだけでは、債務控除の対象とはなりません。

相続により承継する主な債務は次のとおりで、そのうち相続開始時に現に存するもの（相法13条1項）が債務控除の対象となる債務です。

・生活債務　公共料金、クレジットカードなど
・公租公課　被相続人に係る固定資産税（相続開始時未払分）、所得税、相続税
・療養看護　相続開始時に未払いの入院費用、医療費、介護関係の費用
・借入金等　住宅等のローン、その他の借入金
・保証債務　事業上や個人的な保証など
・そ の 他　特別寄与料（その者が負担する部分（相法13条4項））

ここでは、特定遺贈を受けた者や放棄をした者が債務を負担するとした場合（【事例31】、【事例32】）、借入金の使途によって債務控除ができない場合（【事例33】）、死亡時に住宅ローンが免除される保険契約がある場合（【事例34】）、保証債務がある場合（【事例35】）、相続開始後の調査で被相続人に係る税額が確定する場合（【事例36】）などの事例について解説します。

事例31　特定遺贈を受けた者（相続人以外）の債務控除

被相続人Ｘは、Ｘの小売事業を手伝っていた長男Ａの子ａ（孫）にその事業に係る甲土地及び乙建物を遺贈する遺言を残していましたが、相続開始時点でＸには、債務として遺贈した甲土地及び乙建物取得時の借入金が１億円残っていました。

そこで、被相続人Ｘの相続人長男Ａ・次男Ｂと孫ａは、協議の上Ｘの事業に係る借入金は事業を引き継いだ孫ａが承継するとの合意をし、借入金は、孫ａが債務控除することとしました。

税務調査官の指摘事項

相続人でない孫ａが被相続人の債務を負担する協議をしても債務控除はできない。

解説

被相続人Ｘの死亡により、借入金などの債務は、相続人の相続分に応じて分割承継されることとなります（民法899条）。

ところで、特定遺贈を受けた孫ａは相続人ではありませんので、被相続人の債務を相続により承継することはありません。

このため、上記合意は、相続開始後、Ａ、Ｂが負担している債務を孫ａが引き継ぐ契約と考えられ、これによりＡ、Ｂが受ける経済的利益は贈与とされる可能性がありますのでご注意ください。

ADVICE 実務のアドバイス

【負担付遺贈と孫養子】

この事例に関して、Ｘの遺言を、「甲土地乙建物を当該債務の負担付で孫ａに遺贈する」とすることで、上記解説のような贈与税の心配なく債務を孫ａに移転するという選択肢もありますが、貸し付けている債権者（金融機関など）との関係では、相続人Ａ及びＢが債務者であることに変わりはなく、Ａ及びＢは債務の履行を求められますから、これで解決とはいかない悩ましい問題です。

他方、孫が被相続人の養子である場合は、孫はＸの相続人ですから、被相続人の債務を引き継ぐことが可能となります。

事例32　相続放棄した者の債務控除

被相続人Xの相続人であったAは相続を放棄しましたが、被相続人Xの死亡に伴う死亡保険金を受領したことから、他の相続人と話し合い、被相続人Xの借入金の一部を負担することとしました。

そこで、相続税の申告に当たり、受け取った死亡保険金から非課税部分を控除し、負担した被相続人の借入金を債務として控除して申告をしました。

税務調査官の指摘事項

相続放棄をしたAには生命保険金の非課税部分はなく、また、放棄により被相続人Xの債務は引き継いでいないことから、債務控除はできない。

解説

生命保険金の非課税限度額の計算上の法定相続人数は放棄した相続人を含めて計算しますが、非課税金額は放棄した相続人に割り当てられません（相基通12-8）。

また、相続を放棄した者は、初めから相続人とならなかったものとみなされ（民法939条）、被相続人の債務を承継しませんので、債務控除もありません。

ただし、葬式費用は、相続放棄した者が負担した場合でも控除することができます（相基通13-1）。

なお、Aが債務を負担することで、債務負担を免れた他の相続人は、

Aから経済的な利益を受けたとみなされ（相法8条）、その債務負担を免れた金額が贈与税の基礎控除（110万円）を超える場合は贈与税の課税がされますのでご注意ください。

事例33　お墓の購入費用に係る借入金

被相続人（父）は、亡くなる1年前にお墓を350万円で購入していましたが、購入に当たり、U銀行から借入れをしており、相続開始日現在で220万円の借入金残高がありましたので、借入金残高を債務として相続税の申告をしました。

税務調査官の指摘事項

お墓を購入するための借入金については、債務控除はできない。

解説

生前に被相続人が購入したお墓の購入代金に係る借入金など、相続税の非課税財産に関する債務は、相続税の計算上、債務として差し引くことはできません（相法13条3項）。

ADVICE 実務のアドバイス

【債務のあるところ資産あり】

相続税の実務では、金融機関などからの借入金がある場合、その金融機関に相続開始日現在の残高証明を請求することとなりますが、財産調査はそれだけでは終わりません。

一般に、借入金があるときは、その借入金に見合う財産が存在するはずです（個人の事業の運営資金の場合は別ですが）から、借入金に見合う財産が課税価格に算入されているかどうかを確認することが財産調査のポイントとなります。

財産調査で借入金の使途を確認したところ、非課税財産（相法12条1項2号、3号）の取得に充てていたことが判明した場合は、債務控除はできないこととなります。

貴金属、絵画、ゴルフ会員権、別荘などの購入資金に充てていることもありますので、借入金については、それに見合う資産が申告漏れとなっていないかを、申告前によく検討しましょう。

事例 34 団体信用生命保険契約により返済が免除される住宅ローンの取扱い

被相続人（夫）の死亡に伴い、配偶者が被相続人の自宅不動産（土地・建物）を相続しました。この自宅の土地・建物は5年前に購入したもので、住宅ローンの残高は相続開始日現在で500万円でした。

なお、住宅ローンの残高につき、団体信用生命保険契約により、後日、返済が免除されました。

相続税の申告に当たって、相続開始日現在の住宅ローン残高500万円を債務として債務控除をしました。

税務調査官の指摘事項

団体信用生命保険契約により返済が免除される住宅ローンの残高は、債務控除できない。

解説

団体信用生命保険契約に基づき返済が免除される住宅ローンは、被相続人の死亡により支払われる保険金によって補てんされることが確実であって、相続人が支払う必要のない債務であることから、相続税の課税価格の計算上、債務として差し引くことはできません。

なお、免除益について相続人に課税関係が生じることはありません。

〔参考〕昭和44年5月26日官審（法）34ほか「団体信用保険に係る課税上の取扱いについて」

3. 死亡事故が起きた場合

保険事故が死亡であった場合の賦払償還債務の免除に関しては、相続税の課税上は相続人によって承継される債務がないものとし、被保険者である顧客およびその相続人について所得税の課税関係は生じない。

事例 35　保証債務の債務控除

父（被相続人）は、主たる債務者（友人）が銀行から 2,500 万円の借入れをする際に連帯保証をしていました。その友人が事業に失敗し行方不明となっていることから、債権者（銀行）から 800 万円の保証債務の履行を請求されていたところ、父はその履行をしないまま死亡しました。

相続人である長男が相続税の法定申告期限までに保証債務を履行したので、債務控除の額を 800 万円として申告をしました。

なお、その友人の資産の保有状況等は不明です。

税務調査官の指摘事項

主たる債務者の銀行借入れについては、連帯保証人として支払請求がされているとしても、主たる債務者に求償して返還を受ける見込みのないことが明らかでない限り、債務控除はできない。

解説

課税価格の計算上債務控除ができるのは、確実と認められる債務に限るとされています（相法 14 条 1 項)。

保証債務についてはその債務を履行した場合は、主たる債務者（被相続人の友人）にその支払を求める（求償権の行使）ことにより補てんされるという性質を有するため、確実な債務とはいえないとされ、原則として、保証債務は債務控除をすることはできません。

しかし、主たる債務者が弁済不能の状態にあるため、保証人がその債務を履行しなければならない場合で、かつ、主たる債務者に求償権を行使しても弁済を受ける見込みのない場合には、その弁済不能部分の金額については、債務控除の対象となります（相法13条、14条、相基通14-3）。

本事例では、主たる債務者が弁済不能の状態にあるのか、保証人が弁済した場合、主たる債務者に求償しても返済の見込みがないのかなどについて財産調査を行い、明らかにする必要があり、【事例27】の「実務のアドバイス」が参考となります。

ADVICE 実務のアドバイス

【保証人が複数の場合】

保証人は１人とは限りません。主たる債務者に数人の連帯保証人がいる場合もあります。

複数の保証人がいる場合は、主たる債務者に資力がない場合でも他の保証人に求償できることがありますのでご注意ください。

保証契約により、主たる債務者や求償が可能な連帯保証人などを把握して、それらの者の資力がない場合に「求償権を行使しても弁済を受ける見込みがない」といえることとなります。

事例 36　一次相続に係る過少申告加算税等と二次相続の債務控除

〔被相続人 X（一次相続）、Y（二次相続）の関係図〕

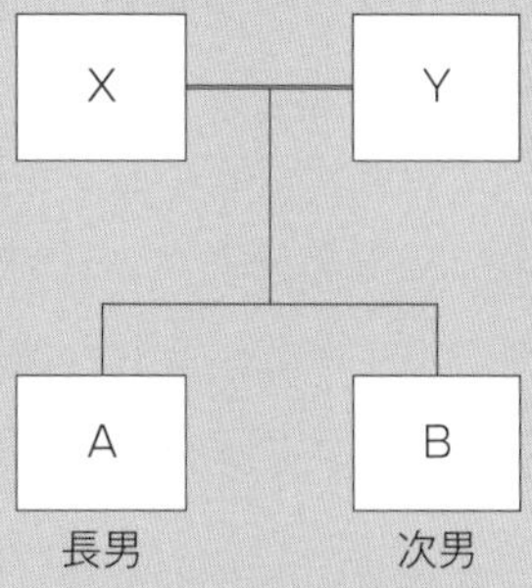

被相続人 X（一次相続の被相続人）の相続税の税務調査中に、被相続人 Y（X の配偶者、二次相続の被相続人）の相続が開始しました。

一次相続に係る当初申告で、Y は配偶者の税額軽減の特例を適用して納税額のない申告をしましたが、一次相続に係る税務調査で、A 及び B が被相続人 X の財産の一部を隠ぺいしていたことから、Y は配偶者の税額軽減の特例を適用ができず、その結果一次相続に係る修正申告で Y に相続税の納税が発生するとともに、それに伴う過少申告加算税及び延滞税を納付することとなり、Y の納税義務を承継した A、B は納付を済ませました。

そこで、A、B は Y の相続税の申告（二次相続の相続税の申告）に当たり、Y に係る相続税、過少申告加算及び延滞税を債務として控除しました。

相続関係は上図のとおりです。

税務調査官の指摘事項

一次相続に係る Y の相続税は債務として控除できるが、過少申告加算税及び延滞税については、債務として控除できない。

解説

債務控除の対象となる公租公課は、被相続人の死亡の際に債務の確定しているものの金額ほか、被相続人の死亡後相続税の納税義務者が納付した被相続人に係る相続税を含むものとしていますが、相続人の責めに帰すべき事由により納付し、徴収されることとなった過少申告加算税及び延滞税などは債務控除から除かれます（相法14条2項、相令3条1項）。

ところで、Yに過少申告加算税や延滞税が課税されることとなったのは、Xの相続人A、BがXの財産の一部を隠ぺいしていたことによるものですから、これらの過少申告加算税及び延滞税は債務として控除ができないこととなります（【事例23】「実務のアドバイス」参照）。

5 被相続人から生前に贈与がある場合

相続又は遺贈により財産を取得した者が相続開始前3年以内に被相続人から贈与により財産を受けている場合は、その贈与により取得した財産の価額（贈与の時の価額）を課税価格に加算して相続税を計算します（相法19条）。

被相続人からの贈与について相続時精算課税を選択して贈与税の申告をしている者は、選択以降、贈与により取得した財産の価額の全て（3年以内という制限はありません。）を相続税の課税価格に加えて相続税を計算します（相法21条の14～21条の16）。

ところで、贈与税については、暦年課税や相続時精算課税、配偶者控除の特例のほかに、近年、世代間の資産移転に配慮した税制（特例税率など）も導入されています。

ここでは、これらの制度の適用に係る贈与者に相続が開始した場合などの相続税申告時の確認事項などについて、事例を通じて整理します。

事例 37　相続税の課税価格への贈与財産の価額の加算と贈与税の申告

相続により財産を取得した相続人Ａは、相続開始の２年前に被相続人Ｘから 1,000 万円の預貯金の贈与を受けていたことが判明し、それを相続税の課税価格に加算して相続税の申告をしたことから、贈与税の申告は必要ないとしました。

税務調査官の指摘事項

相続開始前３年以内に贈与により財産を取得している場合は、相続開始年分を除き相続財産への加算とは別に、受贈者が贈与税の申告をする必要がある。

解説

相続税法第 19 条の贈与加算の規定の趣旨は、相続税法が採用している相続税の累進税率の適用による税負担が、財産を生前贈与することによって軽減されて公平を欠く結果となることを考慮し、相続開始前３年以内の贈与財産の価額を相続税額の計算上、相続財産の価額に加算することにより所要の調整をすることにあると解されています。

そして、「相続税の課税価格とみなされた贈与財産については、贈与税が課税されることが前提とされたものであって、贈与財産の価額を相続税の課税価格に加算したからといって贈与税の課税関係が消滅するものではな（い）」（平成 10 年３月 11 日裁決（裁決事例集 No.55　466 頁））ことから、贈与税の申告をしなければなりません。

なお、贈与税の申告により確定した贈与税は、贈与税額控除の対象となります。

ただし、贈与税に課された延滞税や無申告加算税などは、贈与税額控除の対象となりませんのでご注意ください。

事例 38　贈与税の配偶者控除と贈与財産の価額の加算

夫X死亡（令和元年12月）の3か月前に、妻Yは自宅敷地（相続税評価額2,000万円）の贈与を受けましたが、同年中の贈与であることや配偶者控除の範囲内であることから、申告を不要とし、相続税の申告に当たっては、当該敷地の贈与について相続開始3年以内の贈与として贈与額の加算をしていません。

税務調査官の指摘事項

同年中の贈与であっても配偶者控除を適用する場合には、その旨の贈与税の申告をしなければならない。

解説

被相続人から相続や遺贈によって財産を取得した人が、相続開始の年に被相続人から財産の贈与を受けていた場合には、その贈与を受けた財産については相続税の課税価格に加算されるため贈与税はかかりません。

しかし、相続開始の年に婚姻期間が20年以上である被相続人から贈与により、その被相続人の配偶者が取得した居住用不動産については、過去にその被相続人からの贈与について配偶者控除を受けていないときは、その居住用不動産について贈与税の配偶者控除があるものとして控除されます。その控除された部分は、相続税の課税価格に加算されず、相続税の対象となりませんが、この加算しない部分は、贈与税の申告をする必要があります。

なお、この特例については、宥恕規定（相法21条の6第2項）がありますので、本事例の場合は早急に必要書類を添付して申告（期限後申告）をすることとなります。

ADVICE 実務のアドバイス

【贈与を受けた配偶者が年の途中で亡くなった場合】

贈与税の配偶者控除を適用すべく配偶者に居住用不動産を贈与したが、その配偶者が先に亡くなるケースもあります。

この場合、亡くなるまでにその居住用不動産に居住の用に供していれば特例を受けることができます。

なお、この場合の贈与税の申告は、その相続人が「相続開始があったことを知った日の翌日から10か月以内」に亡くなった受贈者の「住所地を管轄する税務署」に行うこととなります。

〔参考〕民法改正と贈与税の配偶者控除

これまで、贈与税について配偶者控除を適用して居住用不動産の贈与を受けていても、遺産分割協議では、取得分を計算する場合、遺産に、いったん生前の居住用不動産の贈与分を持ち戻して、それをもとに取得分を計算し、そこからその贈与分を除いたところの価額が遺産に対する配偶者の取り分となっていました。平成30年度の民法改正によりこの持ち戻しが原則としてなくなり、相続後の配偶者の取得額は実質増加することとなりました。

そのため、この改正は、贈与税の配偶者控除の利用を後押しするかもしれません。

〔配偶者の取得額についての平成30年度民法改正前後の比較〕

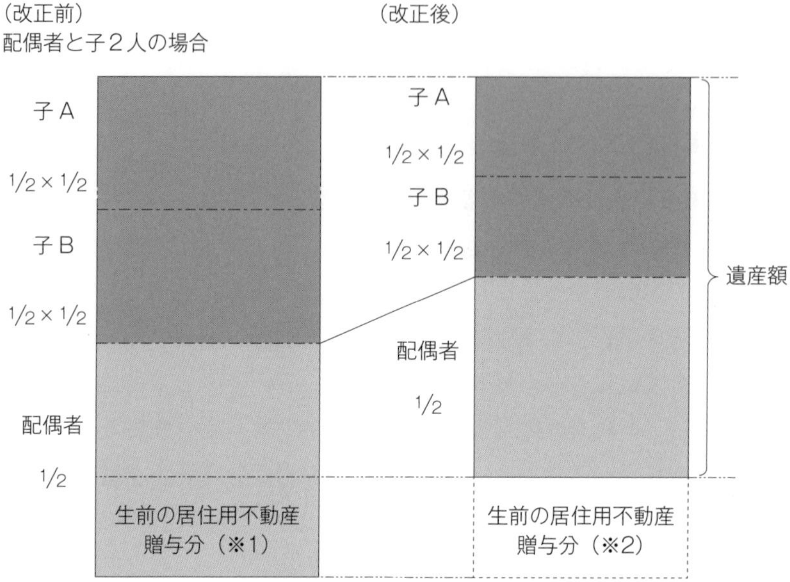

※1　特別受益として持ち戻して遺産に加えて配偶者の取得額が計算される。

※2　持ち戻し免除により、配偶者の遺産に対する取得額が増える。

事例 39　生命保険金の非課税枠内の取得と相続開始３年以内の贈与額の加算

被相続人Ｘは、相続人（長男Ａ、次男Ｂ、長女Ｃ）に毎年 500 万円贈与していましたが、令和元年 12 月に亡くなりました。

被相続人Ｘの遺言で、自宅は相続人Ａに、残りの財産は相続人Ｂに相続させることとしていました。他方、相続人Ｃは死亡保険金 1,000 万円を受領しています。

申告に当たって、Ａ、Ｂは毎年贈与を受けていた 500 万円のうち、相続開始前３年以内の現金贈与 1,500 万円をそれぞれの課税価格に加算して申告しましたが、Ｃは死亡保険金が非課税枠の範囲内であったことから相続税の申告はせず、令和元年分に贈与を受けた 500 万円についてのみ贈与税の申告をしました。

税務調査官の指摘事項

相続人長女Ｃは、受取人が相続人の場合に適用される非課税枠内とはいえ生命保険金を受け取っていることから、相続開始前３年以内に贈与を受けた 1,500 万円をＣの課税価格として相続税を計算し申告をする必要がある。

解説

相続人長女Ｃは相続により財産を取得していませんが、みなし相続財産である生命保険金を相続により取得したものとされていることから、３年以内の贈与については、課税価格に加算して相続税を計算する必要があります。

なお、Ａが納付した令和元年分の贈与税は、相続開始の年の贈与ですから贈与税の課税価格に算入しない（相法21条の2第4項）ことから、更正の請求（通則法23条1項）により還付されます。

事例 40　相続時精算課税（申告漏れの贈与額）

被相続人Ｘ（平成 30 年 1 月相続開始）は、平成 20 年から平成 25 年まで毎年相続人Ａに現金 100 万円を贈与していました。

これとは別に、平成 22 年に相続人ＡはＸが経営していた甲社の株式 250 株（評価額 2,500 万円）の贈与を受け、相続時精算課税制度を適用して贈与税の申告を行っています。

相続税の申告に際して、相続人Ａは平成 20 年の贈与に係る株式 2,500 万円を課税価格に加算して申告しました。

現金贈与については、相続時精算課税適用後の贈与で贈与税に係る徴収権の消滅時効が完成していない平成 24 年分と平成 25 年分について、期限後申告を行い相続税の課税価格に加算しています。

税務調査官の指摘事項

被相続人Ｘを特定贈与者として平成 22 年分から相続時精算課税の適用を受けている相続人Ａは、平成 22 年分以降の贈与について課税価格について加算して申告をする必要がある。

解説

相続税の課税価格への加算の対象となる財産は、相続時精算課税の適用後、被相続人である特定贈与者から取得した財産（非課税財産などは除かれます。）全てであり、贈与税が課税されるか否かを問わない（相基通 21 の 15-1）ことから、Ａは平成 22 年分の株式 2,500 万円に加えて、平成 22 年から平成 25 年分までの現金贈与分を課税価格に加算して申告しなければなりません。

なお、贈与税の申告については、平成 24、25 年分の現金贈与について相続時精算課税に係る贈与税の申告をし、それにより発生する贈与税額を X の相続税の申告において精算することとなります。

事例 41　相続時精算課税の適用を受けた贈与財産に評価誤りがあった場合

被相続人 X は、令和元年 10 月 25 日に死亡しました。

X の相続人 A は平成 20 年に X から甲土地の贈与を受け、贈与税の申告をしていましたので、贈与時の甲土地の価額を課税価格に加算して相続税の申告をしました。

ところで、平成 20 年分の甲土地の評価は、正面路線価が 30 万円であるところ、誤って一路線西に付設された 20 万円の路線価により評価し申告していましたが、贈与税は既に時効（更正期間が徒過しています。）であり、その点は特に考慮していません。

税務調査官の指摘事項

平成 20 年に贈与を受けた甲土地は、正しい路線価で評価して、その価額を A の課税価格に加算しなければならない。

解説

贈与税の 3 年加算の対象となる贈与は、通常、更正期間内にあるため、贈与税の課税価格に誤りがあった場合、贈与税と相続税の両方が是正されることとなります。

他方、相続時精算課税制度の場合は、相続税の申告時には、贈与税の更正等の期限が経過していることもあり、更正や修正申告で是正できない場合もあります。

そこで、相続税の課税価格に加算する贈与により取得した財産の価額は、誤った価額で申告がされているものは、更正や修正申告による是正の有無にかかわらず正しい財産の価額によることとされています（相法

21条の15第1項。相基通21の15-2（相続時精精算課税の適用を受ける財産の価額））。

なお、本事例の場合、評価誤りの是正に伴い贈与税の計算上の贈与税額が増額しますが、贈与税額控除は実際に納付した税額を計上します。

ADVICE 実務のアドバイス

【評価の見直しで課税価格に加算される価額が減少することも】

本事例の場合は、相続時精算課税の適用を受けた贈与財産の価額は増加することとなりますが、評価を見直すことで減少することもあります。

例えば、広大地の評価をすべきところ通常の評価をしていた場合や、画地補正や側方加算等の誤りで高い評価をしていた場合です。

そのような場合も、当然に正しい贈与財産の価額を相続税の課税価格に加算することとなります。過去に相続時精算課税の申告がある場合には、その財産の評価についてその贈与者の相続時に必ず見直しましょう。

なお、相続時精算課税に係る贈与財産の価額が過大であったとしても、更正期限を経過している場合には、納付した税額を減額することができませんが、過大に納付している税額はそのまま相続税の贈与税額控除額とすることができます。

事例42　相続時精算課税適用者の死亡と課税価格の計算

被相続人Ｘの相続開始前に、Ｘから相続時精算課税制度を適用して贈与を受けていた長男Ａが死亡していることから、Ｘの申告に当たり、長男の相続時精算課税に係る贈与分の課税価格への加算は行いませんでした。

なお、被相続人Ｘの相続人は、次男Ｂと長男Ａを代襲した孫ａです。

長男Ａの相続人は、長男の配偶者Ｃと孫ａです。

〔相続関係図〕

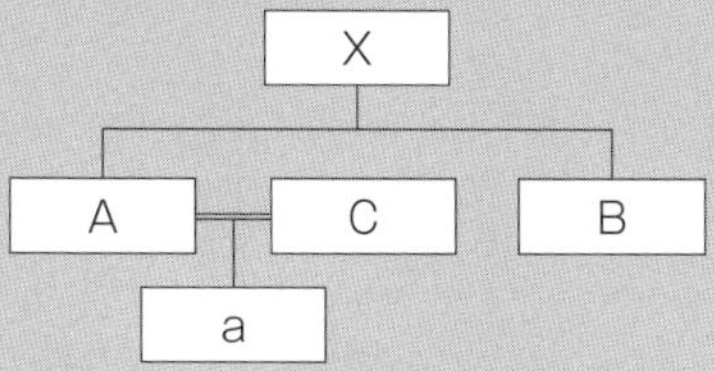

税務調査官の指摘事項

死亡した相続時精算課税適用者Ａに係る贈与分は、Ａの相続人が申告する必要がある。

解説

相続時精算課税適用者（本事例ではＡ）が特定贈与者（被相続人Ｘ）よりも先に死亡した場合、Ａの相続人であるＣ及びａが、Ａが有していた相続時精算課税を受けたことに伴う納税に関する権利又は義務を法定相続分で承継します（相法21条の17第1項本文）。

したがって、C、aは被相続人Xの申告について、Aが相続時精算課税制度の適用を受けた財産の価額に相当する相続税額について、それぞれ2分の1（法定相続分）を負担することとなります。

aは、このほかに代襲相続人として被相続人Xから取得した財産について申告する必要があります。

なお、C（Aの配偶者）は、被相続人Xの一親等の血族ではないため、税額加算があるのではないかと思われますが、CはA（一親等の血族）の納税義務を相続により引き継いだことによるものですから税額加算はありません。

事例 43　結婚・子育て資金の非課税の特例を受けている場合の相続税の申告

孫Ａは、祖父Ｘから 1,000 万円の贈与を受け、結婚・子育て資金の非課税制度を適用していましたが、贈与者である祖父Ｘが亡くなりました。祖父Ｘの相続の法定相続人は、孫Ａの父Ｂと父Ｂの兄弟であるＣとＤの３人です。

祖父Ｘ死亡時の結婚・子育て資金口座には、500 万円の管理残額がありました。

また、孫Ａはそのほか、祖父Ｘから相続開始３年前から毎年 100 万円の贈与を受けています。

祖父Ｘは遺言書の作成はしておらず、Ｘの相続税については、Ｂ、Ｃ及びＤが未分割で申告しており、孫Ａは何も申告していません。

税務調査官の指摘事項

孫Ａは、管理残額である500万円を祖父Ｘから遺贈により取得したものとして、相続税の申告をしなければならない。

なお、孫ＡがＸから相続又は遺贈によりみなし相続財産も含めて何も取得していない場合は、3年以内の贈与加算や相続税額の2割加算の必要はない。

解説

結婚・子育て資金については、贈与者死亡時に残額がある場合には、その残額を贈与者から遺贈により取得したものとして、相続税の申告をすることとなります（措法70条の2の3第10項2号）。

ただし、孫への遺贈とみなされても相続税額の加算（2割加算）はありませんし、本事例のように他に被相続人から相続又は遺贈により財産を取得していない場合は、3年以内の贈与加算もありません（措法70条の2の3第10項4号、5号）。

これに対して、教育資金の贈与については、贈与者の相続開始時点で管理残額があっても、その受贈者が①23歳未満である場合、②学校等に在学している場合、③教育訓練給付金の支給対象となる教育訓練を受講している場合には、遺贈により取得したとはみなされませんが、この条件に当てはまらない受贈者は、遺贈により取得したものとして相続税の課税対象となります（平成31年4月1日以降の扱い、それ以前に取得した教育資金は課税対象となりません。）。

なお、贈与者死亡時の扱いについては、下記の実務のアドバイスの表『「教育資金の一括贈与」と「結婚・子育て資金の一括贈与」の特例制度の比較』の「資金管理契約期間中に贈与者が死亡した場合の取扱い」を参考にしてください。

ADVICE 実務のアドバイス

【教育資金の一括贈与と結婚・子育て資金の一括贈与の相違点】

いずれの制度も直系尊属から父母又は祖父母から子や孫に対する資金の贈与ですが、贈与者死亡時の管理残額の扱いなどについて大きな差があるほか、特例適用に係る要件も令和元年度に改正されていますのでご注意ください。

〔「教育資金の一括贈与」と「結婚・子育て資金の一括贈与」の特例制度の比較〕

特例区分	「教育資金の一括贈与」（措法70条の2の2）	「結婚・子育て資金の一括贈与」（措法70条の2の3）

適用期間	平成25年4月1日から令和3年3月31日までの贈与	平成27年4月1日から令和3年3月31日までの贈与
非課税限度額	受贈者1人につき1,500万円（うち、学校等以外に支払う金銭は500万円）	受贈者1人につき1,000万円（うち、結婚に際して支払う金銭は300万円）
金融機関等で行う手続	1　教育資金管理契約を締結 2　教育資金非課税申告書を金融機関を経由して税務署へ提出	1　結婚・子育て資金管理契約を締結 2　結婚・子育て資金非課税申告書を金融機関を経由して税務署へ提出
贈与者の要件	受贈者の直系尊属であること	同左
受贈者の要件	1　教育資金管理契約を締結する日において30歳未満である者 2　信託受益権等を取得した年の前年分の所得税の合計所得金額が1,000万円以下である者（平成31年4月1日以後に信託受益権等を取得した場合に限る。）	1　結婚・子育て資金管理契約を締結する日において20歳以上50歳未満である者 2　同左
資金管理契約中の金融機関等の管理等	1　受贈者は、払い出した金銭に係る領収書等を一定期間内に金融機関等に提出又は提供する。 2　金融機関等は、領収書等の確認及び記録を行う。	1　受贈者は、払い出した金銭に係る領収書等を一定期間内に金融機関等に提出する。 2　同左
資金管理契約期間中に贈与者が死亡した場合の取扱い	贈与者が死亡した場合（その死亡の日において次の①から③のいずれかに該当する場合を除く。）で、受贈者が贈与者からその死亡前3年以内に教育資金の贈与を受けた場合においては、死亡した贈与者に係る管理残額は相続又は遺贈により取得したものとみなされ、贈与者の死亡に係る相続税の課税対象となる。 ①受贈者が23歳未満である場合 ②受贈者が学校等に在学している場合 ③受贈者が教育訓練給付金の支給	死亡した贈与者に係る管理残額は相続又は遺贈により取得したものとみなされ、贈与者の死亡に係る相続税の課税対象となる。 (注1)「管理残額」とは、死亡の日における非課税拠出額から結婚・子育て資金支出額（結婚に際して支払う金銭については、300万円を限度とする。）を控除した残額をいう。 (注2) 当該管理残額については、相続税法第18条（相続税額の2割加算）は適用しない。 (注3) 当該管理残額以外に相続税

	対象となる教育訓練を受講している場合 なお、平成31年3月31日以前に取得した教育資金については、その贈与者が死亡した場合であっても課税関係は生じない。 (注1)「管理残額」とは、死亡の日における非課税拠出額から教育資金支出額（学校等以外の者に支払われる金銭については、500万円を限度とする。）を控除した残額のうち、その死亡前3年以内にその贈与者から取得した信託受益権等の価格でこの制度の適用を受けたものに対応する金額をいう。 (注2) 当該管理残額については、相続税法第18条（相続税額の2割加算）は適用しない。 (注3) 当該管理残額以外に相続税の課税対象となる取得財産がない場合には、相続税法第19条（相続開始前3年以内に贈与があった場合の贈与加算）は適用しない。	の課税対象となる取得財産がない場合には、相続税法第19条（相続開始前3年以内に贈与があった場合の贈与加算）は適用しない。
資金管理契約終了事由	1　受贈者が30歳に達した場合（当該受贈者が30歳に達した日において学校等に在学している場合又は教育訓練を受けている場合に該当することについて取扱金融機関の営業所等に届け出た場合を除く。） 2　受贈者（30歳以上の者。3において同じ。）がその年中のいずれかの日において学校等に在学した日又は教育訓練を受けた日があることを取扱金融機関の営業所等に届け出なかった場合 3　受贈者が40歳に達した場合	1　受贈者が50歳に達した場合 2　受贈者が死亡した場合 3　金銭・信託財産等の残額がゼロとなった場合において、契約終了の合意があった場合

	4　受贈者が死亡した場合 5　金銭・信託財産等の残高がゼロとなり、かつ、契約終了の合意があった場合	
資金管理契約終了時の残額の取扱い	非課税拠出額から教育資金支出額（学校等以外の者に支払われる金銭については500万円を限度）を控除した残額が贈与税の課税対象となる。	非課税拠出額から結婚・子育て資金支出額（結婚に際して支払われる金銭については300万円を限度）を控除した残額が贈与税の課税対象となる。

（国税庁タックスアンサーNo. 4512「直系尊属から教育資金及び結婚・子育て資金の一括贈与を受けた場合の非課税制度の主な相違点」参照）

事例 44　相続時精算課税等に係る贈与税の申告漏れと開示制度

相続税の申告に当たり、財産調査のほか相続人（A、B、C）から被相続人Ｘからの贈与の有無、精算課税制度の適用の有無などを確認したところ、贈与を受けたことはないということだったため、贈与税はなしとして申告書を作成しました。

税務調査官の指摘事項

事実関係を確認したところ、相続人Ａは７年前に被相続人Ｘから自己が経営する甲株式会社の株式の贈与を受け、相続時精算課税制度を適用して贈与税の申告をしていることから、これを課税価格に加算して申告をしなければならない。

解説

申告書を作成するに当たり、被相続人Ｘから相続開始前３年以内に財産の贈与を受けた者がいるか、相続時精算課税を適用して贈与を受けている者がいるかなどを聞き取り、そういった事実がある場合は、贈与の内容や申告の有無などを確認します。

しかし、聞き取りをしても、相続人の記憶違いなどにより、相続時税精算課税等に係る贈与の課税価格への加算が漏れることがあります。

また、相続人間で連絡が取れず各自がそれぞれ相続税の申告書を作成しなければならない場合、お互いに情報交換できないために他の相続人がそういった贈与を受けているかわからないこともあります。

そのような場合に贈与の内容等を調べる手段が、相続時精算課税等に係る贈与税の申告内容の開示の手続です。

これは、相続税の申告や更正の請求をしようとする者が、他の相続人等が被相続人から受けた①相続開始前３年以内の贈与又は②相続時精算課税制度適用分の贈与に係る贈与税の課税価格の合計額について開示を請求できるというものです。

相続時精算課税等の贈与加算漏れは意外に多いといわれていますので、この手続を利用してしっかりと確認しましょう。

なお、開示内容には開示請求した者の情報は含まれません。

もし、請求者本人自身の情報の開示が必要な場合は、他の相続人から同様の請求をするか、本人から個人情報の開示請求として、「申告書の開示請求」をします。

請求方法は、「相続税法第49条第１項の規定に基づく開示請求書」に下記の添付書類を添付して、相続税の納税地の税務署に請求します。

［添付書類・部数］

①　全部分割の場合：遺産分割協議書の写し

②　遺言書がある場合：開示請求者及び開示対象者に関する遺言書の写し

③　上記以外の場合：開示請求者及び開示対象者に係る戸籍の謄（抄）本

なお、送付による場合は、上記添付書類のほか、開示請求者の住民票の写し及び返信用の封筒に切手を貼ったものを添付します。

6 特例適用関係

(1) 小規模宅地等についての相続税の課税価格の計算の特例

小規模宅地等についての相続税の課税価格の計算の特例は、最近毎年のように改正され、複雑になっていますが、相続人等の事業や居住の継続に配慮した特例ですから、特例適用の要件となる宅地等上の建物、構築物の状況、生前の利用状況、居住や事業を承継した相続人の利用状況などは、しっかりと確認して申告をする必要があります。

ここでは、ごく基本的なもの（【事例45】）と申告期限までに「選択」ができなかった場合（【事例46】）を取り上げました。

なお、特定同族会社事業用宅地等については【事例25】で取り上げています。

事例 45 建物又は構築物の敷地

被相続人は、甲土地を利用して青空駐車場をしていました。

これを引き継いだ相続人Aは、甲土地について小規模宅地等についての相続税の課税価格の計算の特例を適用して申告しました。

税務調査官の指摘事項

駐車場には構築物がなく、特例の要件を満たさない。

解説

小規模宅地等についての相続税の課税価格の計算の特例を受ける土地等は、建物又は構築物の敷地でなければなりません。

したがって、構築物などの設置されていない青空駐車場や資材置場などは、貸し付けていて不動産収入があってもこの特例は適用できません。

なお、仮にこの土地にアスファルト舗装などがされ、構築物の敷地と認められたとしても、それが相続開始3年を超えて引き続き被相続人等の貸付事業の用に供されていた宅地等でない場合は、特定貸付事業要件（措通69の4-24の4）が必要となりますのでご注意ください。

なお、構築物の敷地かどうかは、必ず現地で確認します。

過去に建物や構築物があっても、課税時期には既になくなっていた事例もありますので、こういった点も想定して必ず現地で確認しましょう。

事例 46　申告期限までに選択ができない

被相続人Ｘは、甲土地上に建物を建て、長男Ａと同居していたことから、遺言で甲土地及び建物をＡに相続させ、賃貸住宅が建築されていた乙土地を地上の賃貸住宅とともに次男Ｂに相続させる遺言を残していました。

Ａ、Ｂは遺言に沿って遺産を取得し、相続税の申告をすることとなりましたが、小規模宅地等についての相続税の課税価格の計算の特例の適用に当たり、Ａ、Ｂ間で選択についての合意が得られなかったことから、特例を適用しないで申告をしました。後日、甲土地を特例適用宅地として選択する合意が得られたことから更正の請求をしました。

税務調査官の指摘事項

遺産の取得が確定している場合、選択は申告期限までにする必要がある。

選択がされずに提出された申告について、後日選択の合意があったとしても、選択の合意を理由とする更正の請求の特例規定はなく、更正の請求の一般規定（通則法 23 条 1 項、2 項）の理由にも当たらない。

解説

小規模宅地等についての相続税の課税価格の計算の特例（措法 69 条の 4）は、未分割の特例対象宅地等については適用しない一方で、その分割されていない特例対象宅地等が 3 年以内に分割された場合（措法 69 条の 4 第 4 項）には特例適用し、相続税法第 32 条（更正の請求の特則）を準用すること（措法69条の4第5項）を定めていますが、本事例のように遺産分割が完了し「選択」ができない場合についての手続はありません。

このため、更正の請求をするに足りる「理由」がないということになります。

なお、本事例のように特例対象宅地等の選択をしていない場合で、特例適用を記載し、法令で定める添付書類を添えて税務署に書類を提出した場合、個別の事情によりますが、税務署長が「やむを得ない事情」があるとする可能性がないとも限りません。この点については、税務署にご相談ください。

ADVICE 実務のアドバイス

【特例対象宅地等を選択した後に宥恕規定を適用して選択替えをすることの可否】

いったん選択した特例対象宅地を有利に選択替えしたことに「やむを得ない事情」があったかが争点となった課税訴訟で、既に特例を適用する宅地として選択し、特例を適用して相続税の申告をしており、租税債権は既に確定しているから、「やむを得ない事情」がある場合に同特例を認める宥恕規定（現行の措法69条の4第7項）の前提を欠くとされた判例（東京高判平成15年3月25日訟務月報50巻7号2168頁）があります。

このように、納税者の都合による選択替えはできませんので選択に当たっては慎重に行う必要があります。

(2) 配偶者の税額軽減の特例

事例 47　財産を隠すと配偶者はそのことを知らなくても税額軽減の特例は適用できない

被相続人（夫）が死亡し、財産を配偶者が５分の２、長男、次男及び長女が各５分の１とする遺産分割協議が成立したので、その遺産分割協議の内容に基づき長男が申告書を作成して提出しました。

申告に先だって財産調査をした際に、被相続人の自宅金庫にあった配偶者及び子名義の甲銀行の預金 1,500 万円について、被相続人のものであることはわかっていたものの、被相続人名義ではなかったことから申告から除外していました。

その後、相続税調査で、被相続人の自宅の金庫の中から、申告した銀行の預金以外に、上記家族名義の甲銀行の貯金通帳（預入金額合計 1,500 万円）が発見され、当初は、「家族の貯金である」と申し立てましたが、結局、被相続人の財産であることを認め相続税が高額となることを恐れ、申告しなかった旨の説明をしました。

税務調査官の指摘事項

これらの預貯金については重加算税の対象となるだけでなく、隠ぺい・仮装行為についての事情を知らない配偶者がそれらの預貯金を取得しても、相続税の配偶者の税額軽減の特例は受けることができない。

解説

国税通則法第 68 条の規定による重加算税は、納税者が国税の課税標準等又は税額等の計算の基礎となるべき事実の全部又は一部を隠ぺいし、又は仮装し、その隠ぺいし、又は仮装したところに基づき、納税申告書を提出したときは、重加算税を課す旨規定しています。

本事例の場合、被相続人の預貯金であることを知りながら、家族名義であることを利用して、家族のものであるという事実に基づかない説明を予定して過少申告したものと認められ、このことは、重加算税の賦課要件である、「事実を仮装し、その仮装したところに基づき納税申告書を提出していた」ことになり重加算税が課されます。

一方、配偶者の税額軽減の特例に係る規定（相法19条の2第2項）は、相続又は遺贈により財産を取得した者（長男）が、隠ぺい・仮装行為に基づき相続税の申告書を提出していた場合は、その隠ぺい・仮装行為の対象となった財産を（そういった事情を知らない）配偶者が取得しても税額軽減の特例は受けられないこととされています（相法19条の2第5項）。

事例 48　申告期限から３年経過後の遺産分割協議と配偶者の税額軽減の特例

被相続人Ｘの相続に係る相続税の申告については、相続人間で遺産分割協議が申告期限までに成立しなかったことから、配偶者Ｙ、子Ａ、Ｂは遺産を未分割として申告をしました。遺産分割協議について、裁判所で和解が成立したことから、Ｙは和解内容に基づき４か月以内に配偶者の税額軽減の特例を適用して更正の請求をしました。

なお、裁判所で和解の合意がされた日は、相続税の申告期限から３年半を経過していましたので、急いで税務署に「遺産が未分割であることについてやむを得ない事由がある旨の承認申請書」を提出しました。

税務調査官の指摘事項

「遺産が未分割であることについてやむを得ない事由がある旨の承認申請」の手続が期限内にされていないため、特例の適用に係る更正の請求はできない。

解説

配偶者に対する相続税額の軽減の適用は、原則として、申告期限内に遺産分割がされることを適用要件としていますが、分割されていない財産が、①申告期限から３年以内に分割された場合、②3 年以内に分割されなかったことにつき、当該相続又は遺贈について訴えの提起がされたことなど「やむを得ない事情」があり、かつ、「遺産が未分割であることについてやむを得ない事由がある旨の承認」を所轄税務署長から受けたときで、当該遺産の分割ができることとなった日の翌日から４か月以内に分割された場合にも認められます。

本事例は②に該当するか否かということですが、「やむを得ない事情」はあると考えられるとはいえ、「遺産が未分割であることについてやむを得ない事由がある旨の承認」に係る申請は提出期限（法定申告期限後３年を経過する日から２か月を経過する日）を過ぎてから提出されていますから、承認申請は却下されることとなり、更正の請求は認められないこととなります。

ADVICE 実務のアドバイス

【期限延長の承認の重要性】

申請期限内に「遺産が未分割であることについてやむを得ない事由がある旨の承認申請書」の提出がなかった場合、税務署長の裁量により申請を適法として承認することができる旨を定めた法令はありませんので、期限後に提出された承認申請書は却下されることとなり、特例の適用はできないこととなります（東京地判平成13年８月24日税務訴訟資料251号8961頁）。

このため、相続税の争いが長期に及ぶ未分割事案については、承認申請書の提出の時期について注意する必要があります。

7 税額加算・税額控除

申告に誤りがある場合には、申告者による是正（修正申告）のほか、税務調査などによる是正（更正処分、調査に基づく修正申告）が行われますが、このような税務調査などで是正されなかった誤りについては、会計検査院の検査で明らかとなることがあります。

会計検査院の税務署に対する検査は、租税についてその執行が法令に沿って適切に行われているかを検査するもので、税務署の調査処理などに誤りがある場合には、再調査などによる是正を指示します。

そして、このような検査は毎年「会計検査報告」にまとめられ、内閣を通じて国会に提出されます（憲法90条）。

この報告の中で、相続税関係で毎年のように税務署に是正指示があるのが、税額加算・税額控除です。

ここでは、過去に会計検査報告で指摘されていた税額加算、障害者控除について２事例を取り上げます。

（注）「会計検査報告」は毎年９月頃にインターネットに公開されます。

事例 49　孫を養子にしている場合の税額加算

相続人は長男、次男と被相続人と養子縁組した長男の子（孫）でした。いずれも１親等の親族であることから、２割の税額加算は必要がないとして申告しました。

税務調査官の指摘事項

孫（代襲相続の者を除く。）については、１親等の血族（養子縁組）であるかどうかにかかわらず、税額加算をする必要がある。

解説

１親等の血族、配偶者が取得する場合、原則として、相続税の税額加算はありません（相法18条1項）が、孫（代襲相続人となる者を除きます。）が遺産を取得する場合は、相続税の課税を１回免れることとなるため、その孫が被相続人の養子であるか否か（1親等の血族であるかどうか）を問わず相続税の２割の税額加算対象となります（相法18条2項）。

この規定は、平成15年の税制改正により導入されたもので、改正からずいぶん経過していますが、本事例のような誤りは最近の会計検査報告にも掲載されており、プロである税務職員でも見過ごすことがある代表的な誤りです。申告の際はしっかりと確認しましょう。

ADVICE 実務のアドバイス

【税額加算の対象となるもの】

相続税額の加算の対象となる者は、具体的には、孫（代襲相続人となる者を除きます。）、兄弟姉妹、その他の親族、他人、特別縁故者、相続税が課税されることとなる法人などです。

また、平成30年度の民法改正に伴い、特別寄与料の制度が新設されましたが、この特別寄与料を受け取る者（相続人以外の者）は、2割の税額加算の対象となりますのでご注意ください。

なお、子、配偶者、父母が、相続の放棄、欠格、廃除により相続権を失っている場合であっても、遺贈により財産を取得している（例えば、特定遺贈を受けている、生命保険金を受け取っているなどの）場合は、税額加算の対象となりません（相基通18-1）。

事例 50　障害者控除の適用と障害の等級

被相続人Ｘの相続開始により財産を取得した相続人Ａは、障害者手帳（身体障害程度等級５級）の交付を受けていることから、特別障害者として、障害者控除を適用して申告をしました。

税務調査官の指摘事項

障害者控除は、障害の程度に応じて一般障害と特別障害があり、それを確認する必要がある。

解説

障害者控除には、その程度に応じて２種類の控除が用意されています。

実務では「障害者手帳」により確認を行います。

障害の程度が１級から３級までは特別障害者、４級から６級は一般障害者となります。

なお、障害者控除の要件は、「相続人」ですから、遺贈により財産を取得した孫（被相続人の養子又は代襲相続の場合は適用があります。）が障害者であったとしても控除を受けることはできませんので、この点には注意が必要です。

ADVICE 実務のアドバイス

【相続人は高齢化、障害者に該当かどうかは必ず確認】

本事例は等級に対応した一般障害と特別障害の区分を誤ったものです

が、そもそも遺産を取得した相続人が障害者に該当しているにもかかわらず、それを確認しないまま障害者控除を適用せずに申告しているケースもあります。

最近の相続では相続人が高齢化している場合も多く、このため相続人の中には「脳こうそく」「視力障害」などにより、相続開始時点で身体障害者手帳の交付を受けている場合もあります。

等級の確認（特別か一般か）もさることながら、相続人がそもそも障害者に該当するかを確実に確認しましょう。

〔障害者手帳の記載例とチェックポイント〕

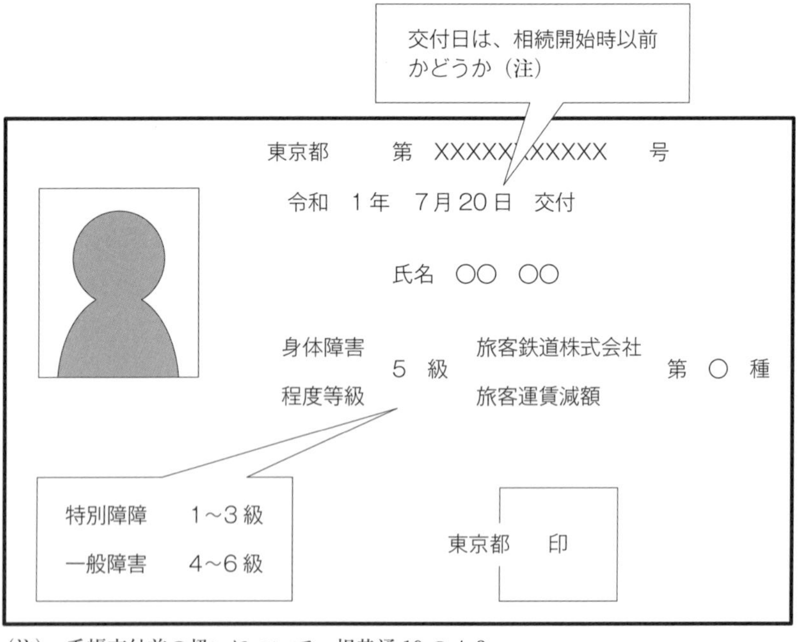

（注）　手帳交付前の扱いについて→相基通 19 の 4-3

8 更正の請求

当初の申告より税額が増加する場合、納税者は修正申告により、増加した税額を確定する手続ができますが、申告により一度確定した税額については、納税者に減額を確定する手続はなく、減額すべき一定の理由がある場合に、課税庁（税務署）に「更正の請求」を行い、課税庁がその請求に理由があると認め更正（減額）したときに初めて減額されることとなります（金子宏著『第23版　租税法（法律学講座双書）』「更正の請求の原則的排他性」946頁（弘文堂2019））。

ところで、この更正の請求には、一般的な理由による更正の請求（通則法23条）のほか、更正の請求の特則として各税法で定められたものがあります。

相続税法は、第32条に相続税特有の理由による更正の請求を定めています。

ここでは、どのような場合に、どのような理由の更正の請求を使うのかについて、事例に基づいて確認します。

なお、いずれの更正の請求にも期間制限があり、その期間を経過すると、請求は認められません。期間を過ぎてから更正の請求をするといった誤りは多いので、この点も十分にご注意ください。

事例 51　遺言無効と更正の請求の特則

被相続人Ｘ（平成 20 年死亡）には、相続人Ａ、Ｂ、Ｃがいました。

全ての財産をＣに相続させる内容の被相続人Ｘの遺言があったことから、Ｃは相続財産の全てを取得し、債務・葬式費用も全部負担したところで相続税を計算し申告をしました（なお、Ｂ、Ｃは申告をしていません。）。

その後、Ａ、Ｂから遺言無効の訴えがあり、遺言を無効とする判決が平成 30（2018）年４月 20 日に確定したことを受けて、Ａ、Ｂ、Ｃは遺産分割の調停を申し立て、令和元（2019）年７月 10 日に遺産分割協議に係る調停が成立しました。

これを受けてＣは、遺産分割が成立したことを理由に、更正の請求の特則（相法 32 条１項１号）により、更正の請求を行いました。

税務調査官の指摘事項

Ｃの相続税の申告は、遺産が未分割であることによる申告ではないことから、遺産分割協議が成立したことを理由とした更正の請求の特則（相法 32 条１項１号）には該当しない。

解説

Ｃの申告は当初申告により（遺産を単独で取得したとして計算され）確定していますから、相続税法第 55 条の規定（未分割遺産）により計算された申告を前提に「遺産分割の成立」を理由とした更正の請求の特則（相法32条1項1号）は適用できません。

本事例においてCが更正の請求をする場合は、遺言無効の判決の確定を理由にその判決の確定の日から4か月以内に税務署に更正の請求（更正の請求の特例（相法32条1項6号、相令8条2項1号））を行い、Cの申告を未分割とする減額の更正処分（一方が減額されると当然A、Bに課税が生じます。（注））を受けた上で、遺産分割に係る調停の成立後4か月以内に、更正の請求の特則（相法32条1項1号）より遺産分割の調停に沿った更正の請求をすることとなります。

なお、本事例では、Cは遺言無効の訴えに係る判決確定から4か月を既に経過しているため、更正の請求の特則（相法32条1項1号）は利用することができません。

（注） 課税庁（税務署）が減額の更正処分をする際に、A、Bが期限後申告（相法30条）をしていない場合は、A、Bに対しては決定処分がされます（相法35条3項）。

事例 52　遺産分割協議の無効と更正の請求

相続人はA、B、Cの３人であるとして遺産分割協議を行い、それに基づいてA、B、Cそれぞれ課税価格を計算して相続税の申告をしましたが、戸籍の確認が不十分であったことから、後日被相続人に前妻との子Dがいることが判明しました。

その後、A、B、C、Dの遺産分割協議が成立したことから、これに基づき、A、B、Cは、相続税法第32条第１項第２号により更正の請求を行いました。

税務調査官の指摘事項

いったん未分割状態の申告に直した上で、遺産分割協議に基づく更正の請求を行う必要がある。

解説

遺産分割協議は無効であるため、民法上は未分割ですが、相続税は当初の申告により確定していることから、これを更正の請求や修正申告などにより、未分割の状態に戻すよう請求をします。次にその状態となった申告について、遺産分割協議が成立したことを理由に更正の請求を行うこととなります。手順は次のとおりです。

① 現在の誤った状態で確定している税額を是正し未分割の状態とします。この場合、税額が減少する者は更正の請求（通則法23条2項1号）を、税額が増加する者は修正申告（通則法19条）を、新たに納める必要がある者は期限後申告（通則法18条）を行います。

ただし、Dの申告が被相続人の死亡を知った日から10か月以内に申告書を提出するものである場合には、Dの申告書については期限内申告書となります（相法27条）。

②　相続人間で遺産分割協議を行い、その成立を受けて①の税額（①で更正の請求をした者はその請求に係る更正処分の税額）が、減少する者は更正の請求、増加する者は修正申告を行います（相法32条1項1号）。

なお、国税通則法の更正の請求の提出期限は、法定申告期限から5年であるのに対して、相続税法の更正の請求の提出期限は、遺産分割の成立から4か月以内となっていること、各種特例については、被相続人の相続税の申告書の提出期限から3年を経過しても分割されないときは、この特例は適用できない（【事例48】参照）ことに注意が必要です。

事例 53　調停の成立と更正の請求（特例が適用できなかった事例）

平成 23 年 5 月に死亡した被相続人 X には、配偶者 Y、長男 A、長女 B がいます。

遺産の分割について Y、A、B 間で協議しましたが、申告期限までに話し合いがまとまらなかったことから、平成 24 年 3 月に当初申告は未分割で申告（相法 55 条）しています。

平成 30 年 12 月 10 日（調停期日）に高等裁判所で調停が成立し、調停調書（平成 31（2019）年 1 月 10 日作成）を弁護士から受け取りました。

これを受け、調停調書作成日から 4 か月以内の令和元（2019）年 5 月 8 日に税務署に、配偶者の税額軽減の特例、小規模宅地等の相続税の課税価格の計算の特例を適用して、更正の請求を提出しました。

なお、当初申告の期限から 3 年を経過しても遺産分割の協議が整わなかったことから、遺産が未分割であることについてやむを得ない事由がある旨の承認申請の手続を行っています。

税務調査官の指摘事項

調停成立から 4 か月を経過していることから、更正の請求は認められない。

解説

相続税法第 32 条第 1 項 1 号の更正の請求は、「事由が生じたことを知った日」の翌日から、4 か月以内に更正の請求をすることとなります。

本事例の場合「事由が生じたことを知った日」は、家事調停が成立した期日（調停期日）となりますので（相基通19の2-14「これらの申立てに係る事件の終了の日」）、更正の請求は、その期日から4か月を経過していることとなります。

家事調停が継続していることを理由として申告期限から3年を経過時に延長承認に係る承認を受けていた事例ですが、更正の請求の提出期間制限の規定を遵守しなかったために、特例適用ができないこととなりました。

ADVICE 実務のアドバイス

【配偶者の税額軽減の特例は4か月を過ぎても可能な場合も】

配偶者の税額軽減の特例は、更正の請求が法定申告期限から5年以内であれば、国税通則法第23条第1項による更正の請求に基づき特例適用が可能です（相基通32-2（法第19条の2第2項ただし書の規定に該当したことによる更正の請求の期限））。

他方、小規模宅地等の特例は、国税通則法第23条1項の期限内であっても、4か月以内でなければ更正の請求はできません（措通69の4-26（申告書の提出期限後に分割された特例対象宅地等について特例の適用を受ける場合））。

事例 54　一次相続に係る遺産分割協議と二次相続に係る更正の請求

被相続人Ｘの相続が開始しました（二次相続、相続人はＡ、Ｂ２人）が、その10年前にＸの父Ｚの相続が開始しています（一次相続、相続人は、ＸとＫ）。二次相続の時点でＺの遺産について未分割であったため、Ｘの相続に当たり、Ｚの遺産に係るＸの法定相続分（２分の１）は、Ａが取得したとして申告しました。

後日、Ｚの遺産について遺産分割協議が整い、Ｘは何も取得しないこととなったことから、Ａは二次相続に係る相続税の更正の請求を行いました。

〔被相続人Ｘの関係図〕

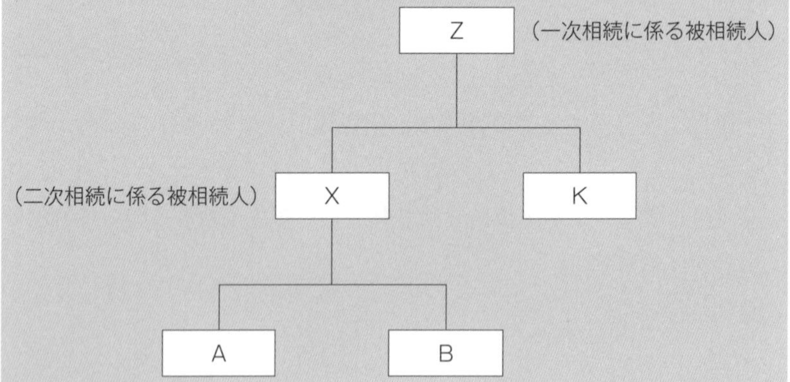

税務調査官の指摘事項

被相続人Ｘの相続財産については、分割済みであり、更正の請求はできない。

解説

相続税の申告期限までに遺産が未分割であった場合は、いったん未分割遺産として申告し（相法55条）、遺産分割協議が成立した後に更正の請求を行うこととなります（相法32条1項1号）。しかし、一次相続について、一次相続に係る被相続人Zの相続税の申告において更正の請求を行うことは可能ですが、一次相続に係る遺産分割協議の成立を理由として二次相続に係る相続税の申告について、更正の請求をすることはできません。

しかし、本事例の場合で、一次相続の相続税についてKが遺産分割に基づき修正申告をしている場合などでは、同じ遺産分割協議の結果、一次相続の遺産を取得した者Kに相続税を課税し、一次相続で遺産を取得しなかった者Xの二次相続で、その遺産を取得しているとして法定相続分でAに課税した状態にしておくことは、同じ財産への二重の課税となり著しく不合理です。

このようなケースについては、所轄税務署と個別相談する必要があると考えます。

〔参考〕国税庁質疑応答事例

第一次相続の分割確定に伴い第二次相続に係る相続税額に変動が生じた場合の更正の請求の可否

【照会要旨】

第二次相続（被相続人乙）に係る相続税の申告書の提出後に、第一次相続（被相続人甲）についての分割協議が平成18年4月に確定した結果、被相続人乙が取得することとなった被相続人甲の相続財産が法定相続分よりも少なくなった。

この場合、被相続人乙の相続人であるB及びCは、第二次相続について相続税法32条1号の規定に基づく更正の請求をすることができるか。

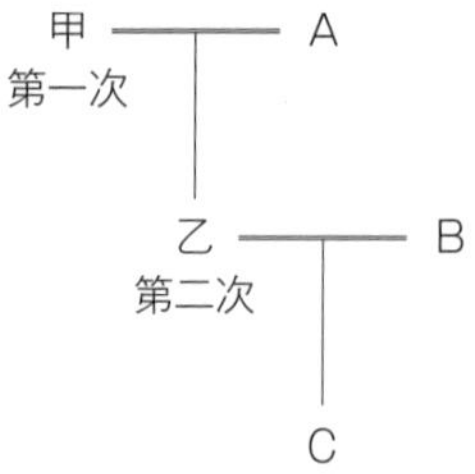

【回答要旨】

B及びCは、第二次相続について相続税法第32条第1項第1号の規定に基づく更正の請求をすることはできない。

ただし、被相続人甲の相続財産に係る遺産分割が確定したことにより被相続人乙の相続財産が当初申告額より少なくなったにもかかわらず、これを納税者側から是正する手続きがない場合において、例えば、第一次相続の相続人Aが修正申告書を提出しているなど、これを放置することが課税上著しい不公平となると税務署長が認めるときには、調査結果に基づき通則法第71条第1項第2号に規定する「…無効な行為により生じた経済的効果がその行為の無効であることに基因して失われたこと…又は取り消しうべき行為が取り消されたこと…」に該当するものとして更正（減額）を行っても差し支えない。

【関係法令通達】

国税通則法第24条、第71条第1項第2号

（平成14年9月3日国税庁ホームページ掲載）

事例55　取得時効と更正の請求

相続人Ａは、相続税の申告をするため固定資産税の課税台帳等をもとに、被相続人の所有不動産の存在を調査したところ、遠縁のＫが居住している建物の敷地（甲土地、被相続人名義の宅地）がありました。

甲土地について、被相続人とＫとの間で地代等のやりとりはなかったことから、Ａは使用貸借（自用地）として評価し、被相続人の相続財産に含めて申告をしました。

その後、Ａが遠縁のＫに地代を支払うか買い取るか申し入れたところ、過去に被相続人から甲土地の贈与を受けたとしてＫより訴訟が提起されました。訴訟では贈与に併せて相続開始後に完成した取得時効も主張され、判決ではＫの取得時効の主張（時効の援用）が認められ、その結果、Ａは甲土地の所有権を失ったことから、この判決を理由に更正の請求をしました。

税務調査官の指摘事項

相続開始日においては、甲土地が、被相続人に帰属する事実には変わりはないことから、更正の請求には理由がない。

解説

時効の効力は起算日に遡る（民法144条）とされていますが、この趣旨は、時効による権利の得喪から生じる諸問題について、永続する事実状態を尊重しつつ、一挙かつ簡明に処理するため、時効の私法上の効力について起算日まで遡及させるもので、経済実態的な事実関係まで遡及的に覆すものではないと解され、課税場面である事案に遡及規定は適用されず、課税上、時効取得の効果は遡及しません（大阪高判平成14年7月25日訟務月報49巻5号1617頁、後述の裁決例①、②参照）。

また、租税実務の扱いにおいても、時効の援用により占有者のその資産につき時効の利益を享受（所得が発生）することが明らかとなるとともに、所有者が資産を失うこと（損失）も明らかとなることから、その所得は時効の援用時に発生するものとされ（静岡地判平成8年7月18日税務訴訟資料220号181頁）、その損失は時効の援用時に生じるものとされています。

そうすると、本事例の取得時効の主張を認めた判決は、相続開始日（課税時期）に「甲土地の所有している」という（課税標準等又は税額等の計算をするための）基礎的な事実関係に変化を生じる判決（通則法23条2項1号）ではありませんので、更正の請求の理由はないこととなります。

なお、本事例は相続開始後に時効が完成していることから、相続人は時効の中断などの措置を講じることが可能でした。

ADVICE 実務のアドバイス

【相続開始前の時効の完成と相続開始後の時効の援用】

本事例は、相続開始後に時効が完成した事例ですが、相続開始前に時効が完成していた場合について、次のように納税者の請求が認められた裁決がありますので、実務の参考としてください。

これらの裁決では、時効の援用は相続開始後ですから、本事例の解説で引用した大阪高裁の判例と同様に、相続開始時点での取得時効に係る効果（遡及効など）を課税上認めていませんが、相続開始前における取得時効が完成していたという事実が確定し、相続開始日において賃借権や所有権の取得時効の援用があれば一方的に時効取得される（相続人にそれを防ぐ手段はなかった）ことを明らかにした判決は、課税標準等又は税額等の計算をするための基礎的な事実関係に変化を生じさせる判決（通則法23条2項1号）に当たるとして、更正の請求を認めています。

①　平成14年10月2日裁決（裁決事例集No.64）

自用地として評価して申告した土地について、他人の賃借権の取得時効（相続開始前に時効が完成）を認めた判決による更正の請求を理由なしとした課税庁の処分に対する裁決で、賃借権の設定された土地として評価すべきとして、更正の請求を認めています。

②　平成19年11月1日裁決（裁決事例集No.74）

自用地として評価し申告した土地について、他人の取得時効（相続開始前に時効が完成）を認めた判決による更正の請求を理由なしとした課税庁の処分に対する裁決で、相続開始時に所有権を失うことが不可避な土地として評価すべきとして更正の請求を認めています。

なお、これらの裁決は、賃借権や所有権に関する事案ですが、貸付金等の債権でも、相続開始日に既に消滅時効が完成した債権（相続人に時効中断のすべがない債権）については、その後時効の援用を認める判決が確定した場合に、更正の請求による救済の可能性を示唆するものと思われます。

9 相続税の申告書の提出・納税

相続税の申告書は、被相続人の死亡時の住所地を管轄する税務署長に提出します（相法附則３項）。また、申告書は、提出する者の記名押印など所定の要件（通則法124条）を備えている必要があります。

ところで、被相続人が介護施設に入居している場合の住所は迷うところです。

また、共同相続人間に相続争いがある場合には、相続税の申告書記載の申告者の押印がない場合もあります。

ここでは、介護施設入居中の被相続人の住所地、共同相続人の一部の者が押印していない申告書の扱い、他人が納付し過誤納となっている場合の税金の還付先などについて、事例に沿って確認します。

事例 56　介護施設に入居していた被相続人の住所地

被相続人は、専用個室及び共用設備を終身的に利用することができる介護老人ホームに入居し、亡くなるまでそこで日常生活を送っていましたが、被相続人が施設入居まで居住し、住民登録等のある家の所在地を相続税の住所地として、その住所地を所轄する税務署長に申告書を提出しました。

税務調査官の指摘事項

被相続人が入居していた介護施設が被相続人の死亡の時の住所地となる。

解説

相続税の申告書は、納税地を所轄する税務署長に提出します（相法27条1項）が、納税地は、相続税法第62条の定め（申告が必要な者の住所地）にかかわらず、当分の間、被相続人の死亡の時における住所地（相法附則3項）とされています。

ところで、この住所は、「各人の生活の本拠をその者の住所とする。」（民法22条）とされており、被相続人の死亡時に、どこが「生活の本拠」であったかが判断の基準となり、その生活の本拠であるかどうかは、客観的事実によって判定するものとされています（相基通1の3・1の4共-5（「住所」の意義））。

単身赴任先や病院などで死亡した場合は、生活の本拠は本来の自宅であると考えられますが、本事例のように介護施設が生活の本拠と認められる場合は、死亡時の住所地は、かつての自宅ではなく、介護施設ということになり、そこを所轄する税務署長に申告書を提出することとなります。

なお、小規模宅地等の相続税の課税価格の計算の特例（措法69条の4）の特定居住用宅地等に該当するかどうかは、一定の介護施設に入居していた場合であっても、居住していたときと同様の状況である居宅の敷地について適用がある旨の規定が設けられていますので、介護施設の所在地を住所（納税地）として申告したとしても要件さえ満たせば同特例の適用があります。

〔参考裁決〕被相続人の住所地を介護施設とした裁決例（平成28年5月17日裁決（大裁（諸）平27-59、裁決事例集未登載）

「原処分庁は、被相続人が、原処分庁の管轄外に所在する介護付有料老人ホーム（本件施設）に入居した後も、住民登録地や金融機関等に対する届出住所地を、それ以前に被相続人が居住していた原処分庁の管轄内にある家屋（本件家屋）の所在地から本件施設の所在地に異動させていないことや、被相続人の所得税の確定申告書が原処分庁に提出されていたことなどから、被相続人の死亡時の住所地、すなわち、相続税法附則第3項に規定する相続税の納税地は、本件家屋の所在地である旨主張する。

しかしながら、本件施設は、生活全般にわたる介護サービスを受けることができる介護付有料老人ホームであり、入居者は、利用権に基づき、専用個室及び共用設備を終身的に利用することができる。

加えて、被相続人は、本件家屋で起居することはもとより不可能な状態にあり、本件施設に入居した日から死亡の時までの間、本件家屋に帰宅したことは一度もなく、本件施設において日常生活を送っていた。

これらの事情に照らすと、被相続人の死亡の時における生活の本拠たる実体を有していたのは、本件施設であると認められるから、被相続人の死亡の時における住所地は、本件施設の所在地であり、同所が相続税の納税地となる。」

事例 57　共同申告書に記名のある一部の相続人の欄に押印のない申告と誤納還付

被相続人 X の遺産について、配偶者 Y、長男 A、長女 B、次男 C が遺産分割の協議をしましたが、配偶者 Y、長男 A グループと長女 B、次男 C グループで遺産について争いがあり、申告期限までにまとまりませんでした。

そこで、配偶者 Y 及び長男 A は、税理士 W が作成した申告書（遺産は未分割として作成されたもので、全ての相続人の記名があるもの）のそれぞれの氏名が記載されているところに押印して（長女 B 及び次男 C の記名されている部分に押印はない状態で）税務署に提出しました。

長女 B、次男 C は具体的に財産を取得していないとして、相続税の申告はしていません。

なお、長男 A と配偶者 Y は期限内にそれぞれの相続税の納税を済ませ、さらに配偶者 Y は、長女 B 及び次男 C の申告書記載の納付税額をそれぞれの名前で納付書を作成し、申告期限までに納税しています。

税務調査官の視点

長女 B、次男 C は具体的に財産を取得していなくても相続税の申告はしなければならない。

なお、提出された申告書には押印がないことから、納税があっても申告があったとは認められない。

解説

遺産分割協議が申告期限までに成立しない場合は、特別受益などがない場合、法定相続分で申告します（相法55条）。

したがって、長女B、次男Cは遺産を法定相続分（それぞれ6分の1）で取得したものとして申告することとなります。

他方、記名はあるが押印のない申告書の提出が申告書の提出に当たるかについては、裁決例（平成27年4月1日裁決、平成22年9月14日裁決）は、押印がないだけで判断されるのではなく、「共同申告書が作成された時点において、当該共同申告書に署名した者又は記名された者の申告の意思に基づいて判断すべき」としています。

本事例の場合、長女B、次男Cは申告書に押印はなく、申告の意思もなかったことから、納税があっても無申告と扱われるものと考えます。

なお、申告書を提出する者は押印することとされています（通則法124条2項4号）から、申告書提出前には押印の有無を再度確認しましょう。

ADVICE 実務のアドバイス

【無申告の場合の第三者納付と誤納付となった税金の還付先】

配偶者Yが長女B及び次男Cの申告書記載の納付税額を納付することについては、家族としてよかれと思ってしたのかもしれませんが、申告のない納税は誤納付で納付の効力は生じません。

しかも、この場合は、納税したYが税務署に対して誤納付金の還付を請求しても認められず、納付書に納税者として記載された者（B、C）に還付されます（東京地判平成25年11月26日平成24年（行ウ）548号裁判所ホームページ）ので、Yが納付した金額を回収するためには、還付を受けたB、Cに対して納付した税額を請求することとなります。

なお、相続税の申告書は連記式となっていることから、上記のような誤解を招きやすいのかもしれません。税理士が関与する場合、申告の依頼を受けていない者の部分には斜線を引くなどして、申告書を提出する者でないことを明らかにするとともに、必要に応じて、相続人に第三者納付や誤納付などについて説明しておきましょう。

事例 58 期限後申告に対する無申告加算税の賦課と正当な理由

被相続人Xには、相続人として、配偶者YとXの兄弟（A、B）がいました。

YとA、Bは遺産分割協議をすることとなり、YはA、Bに不動産などの遺産は開示しましたが、預貯金やYが受取人となっていた生命保険金については開示しませんでした。

A、BはXの遺産の一部である農地、山林を取得しましたが、開示された遺産のみでは、申告する必要はなく、また、申告をしなければならないこととなっても不利益はないと考え、相続税の申告をしませんでした。

税務調査官の指摘事項

可能な限り財産調査を行い期限内に申告すべきであり、税務調査の結果、期限後申告書を提出する（あるいは決定処分がされる）場合には、無申告加算税が賦課される。

解説

遺産について相続人間で争いなどがあり、相互に被相続人の遺産内容を開示しないために、申告している遺産の内容が共同相続人ごとに異なるとか、本事例のように一部の者が申告しない（無申告）ということも考えられます。

無申告の場合は「無申告加算税」が賦課されることとなりますが、一方で「正当な理由がある」場合にはその賦課をしないこととされています（通則法66条1項ただし書）。

そして、この正当な理由は、「真に納税者の責めに帰すことができない客観的な事情」であり、相続人間の意思の疎通、協力不足に基づいた判断により申告不要としたことなどは、全て主観的な事情であるため、正当な理由に当たらない（平成26年11月7日裁決　裁決事例集No.97）とされます。

これを本事例に当てはめますと、期限後申告をした（又は決定処分がされた）場合、A、Bの無申告加算税の賦課決定は不可避と考えられます。

同様に、相続人間の意思疎通や協力の不足に起因して、過少に申告している場合に税務調査で過少部分を是正処理（修正申告又は更正処分）がされますと、過少申告加算税の賦課があります。この過少申告加算税についても、無申告加算税と同様に「正当の理由」（通則法65条4項）がありますが、この解釈も「真に納税者の責めに帰することのできない客観的な事情」（最高三小判平成18年10月24日民集60巻8号3128頁）とされています。

COLUMN 相続の道しるべ

残された配偶者の負担を減らすために

配偶者と被相続人の兄弟姉妹が相続人の場合、残された配偶者が普段あまり付き合いのない義兄弟姉妹に遺産を全て開示して遺産分割協議をすることは、大きな負担となるだけでなく、全ての遺産を開示したら、法定相続分は遺産分割時に義兄弟姉妹に分配しなければならないという危惧が配偶者にあり、そのことが十分な遺産の開示につながらず、申告が過少となってしまうこともあります。

こういった場合、一方配偶者が遺言を残していることが重要です。相続人が兄弟姉妹の場合は遺留分がないので、遺言さえあれば、相続後、配偶者の負担を減らすことができます。

10 延納・物納

相続税が課税される場合、相当の資産を保有していることから、納税資金に事欠かないと考えがちですが、相続財産が不動産や非上場株式に偏っている場合には、さまざまな方策をしても、納税が困難となる場合があります。

そのような場合には、延納や物納を考える必要があります。

相続税法にはそのような事情があることを考慮して、相続税を年賦で支払う延納制度があります（相法38条）。

また、租税の納付は現金納付が原則ですが、相続税法では例外的に相続財産で納付する物納制度があります（相法41条）。

実務的には、金銭納付が困難な場合に、延納手続を検討し、それでも納付が困難と認められる場合に、物納の手続に進みます。

資産の保有が土地等や同族株式等に偏っている場合には、資産の保有状況、地価事情などを踏まえて、物納も選択肢の1つとして、慎重に判断することが肝要です。

事例 59　修正申告（更正）の場合も延納申請は可能

不動産の一部に申告漏れがあり、修正申告で多額の相続税を納付することとなり、一括の納付が困難となりましたが、修正申告では延納申請ができないものと考えて手続をしませんでした。

税務徴収官の指摘事項

修正申告や更正処分の場合でも延納申請は可能である。

解説

延納許可を申請しようとする者は、その延納を求めようとする相続税の納期限までに延納申請をしなければなりませんが、当初申告はもとより、期限後申告、修正申告、更正処分についても、延納申請は可能です。

それぞれの延納申請の提出期限は、次のとおりです（相基通 39-1）。

①期限内申告書又は相続税法第 31 条第 2 項の規定による修正申告書の提出により相続税法第 33 条の規定により納付する相続税額又は贈与税額…これらの申告書の提出期限

②期限後申告書又は修正申告書（相続税法第 31 条第 2 項の規定による修正申告書を除きます。）の提出により国税通則法第 35 条第 2 項第 1 号の規定により納付する相続税額又は贈与税額…これらの申告書の提出の日

③更正又は決定により国税通則法第 35 条第 2 項第 2 号の規定により納付する相続税額又は贈与税額…その更正通知書又は決定通知書が発せられた日の翌日から起算して 1 か月を経過する日

ADVICE 実務のアドバイス

【納付困難が想定されるときは必ず延納・物納の説明を】

納付困難が想定されるときは、延納や物納などについて、納税者にしっかりと説明をする必要があります。

専門家である税理士が十分説明をしなかった場合には、その責任が追及されることがありますのでご注意ください（下記裁判例参照）。

・修正申告に係る相続税について延納手続をしなかったことによる損害賠償事件（東京高判平成7年6月19日判例時報1540号48頁）

・相続税の申告に際し物納手続をしなかったことなどによる損害賠償事件（東京地判平成7年11月27日判例時報1575号71頁）

COLUMN 相続の道しるべ

延納に係る利子税の割合は分納期間において変わることも

相続税の延納は年賦により支払われ、その各年の分納期間に応じ適用される利子税の割合は、原則として、Ⅰ・第5・3（4）の表（79~80頁）の延納利子税割合（相法52条、措法70条の10）のとおりですが、各年分の延納特例基準割合（措法93条3項、4項、下記1参照）が7.3％に満たない場合には、その期間に対応する利子税の割合は、下記2の①の割合（特例割合）が適用されます。

1　延納特例基準割合

財務大臣が告示する割合　＋　1％

※「財務大臣が告示する割合」は、その分納開始の属する年の前々年の10月から前年の9月までの各月の銀行の新規短期貸出約定平均金利の合計を12で除して得た割合で、適用される年分の前年12月15日までに告示されます（措法93条2項）。

2　適用される利子税の割合

①　延納特例基準割合　＜　7.3％

$$延納利子税割合 \times \frac{延納特例基準割合}{7.3\%}$$

※0.1％未満の端数切捨て

②　上記以外

延納利子税割合

このように延納利子税割合は、銀行の新規短期貸出約定平均金利の影響を受けることから、各分納期間における利子税の割合は、毎年変動することがあります。

なお、各分納期限に納付する本税と利子税（延納分納税額）は、分納期限のおおむね１か月前に税務署から送付される「延納分納税額のお知らせ」（納付書）により最寄りの金融機関か税務署で納付します。

事例 60　土地の境界確定は生前に

相続財産のほとんどが土地であるため、その一部を物納することとしましたが、物納の申請に当たり、境界の確定、地積測量などの費用に200万円を要しました。
そこで、その費用分をその土地の評価額から差し引くこととし、更正の請求をしました。

税務調査官の指摘事項

物納申請のための費用は、更正の請求の対象とならない。

解説

境界線の確定していない土地を物納する場合、隣地の境界を確定する必要があります。これについては、相続人に多大な労力と費用を要する場合がありますが、実測や境界確定に要した費用については、相続財産から控除することはできません。
なお、実測などにより、地積が増加した際には、修正申告をすることとなる一方、公簿地積より減少し、評価額が少なくなる場合は、その価額が物納申請の価額となると同時に、国税通則法第23条第1項により更正の請求ができます。

ADVICE 実務のアドバイス

【境界確定も立派な相続税対策】

財産に占める不動産の割合が高い場合で、物納を選択肢としなければならないと想定できる場合は、被相続人が生前に境界確定などを行い、被相続人が生前に費用を払っておくことも１つの選択肢ですし、有効な相続税対策にもなると考えます。

なお、条件付きで物納許可がされた土地について、後日土壌汚染が判明し、許可が取り消された場合などでは、その土地について、更正の請求（相法32条１項５号）ができることにご留意ください。

事例61　物納と小規模宅地等の相続税の課税価格の計算の特例

納税資金がなく、延納手続をしても1億円の納税資金の不足が生じることから、相続税評価額で3,000万円の自宅家屋と1億円の敷地を物納することとし、手続を進めることとしました。

なお、自宅敷地は、小規模宅地等の相続税の課税価格の計算の特例（特定居住用宅地等）を受ける（特例を受けた後の価額は2,000万円）こととしています。

税務徴収官の指摘事項

自宅敷地の物納の場合の収納価額は、小規模宅地等の相続税の課税価格の計算の特例を適用した後の価額2,000万円である。

解説

物納財産の収納価額は、課税価格計算の基礎となったその財産の価額（相法43条）とされており、小規模宅地等の相続税の課税価格の計算の特例を適用する場合は、その適用後の財産の価額となります。

したがって、自宅敷地が1億円、小規模宅地等の相続税の課税価格の計算の特例適用後の価格が2,000万円だとすると、2,000万円が物納財産の収納価額となります。

ADVICE 実務のアドバイス

【物納予定の土地は小規模宅地等の特例を選択しない】

物納申請をする場合は、申請する土地については、小規模宅地等の相続税の課税価格の計算の特例を選択すると物納による納付額（収納額）は、特例適用後の価額となることから、選択しない（別の土地を選択する）方向で検討する必要があります。

事例 62　超過物納と譲渡所得

1億8,000万円で物納許可のところ、物納された甲土地は、物納許可を超える2億円で収納されましたが、物納は非課税ということで、譲渡所得の申告はしませんでした。

税務調査官の指摘事項

超過物納部分である2,000万円については、土地等の譲渡所得として申告をしなければならない。

解説

物納は、相続税を土地など資産で代物弁済するもので、譲渡所得の対象となります。

ただし、物納許可を受けた相続税に対応する価額については、非課税とされています（措法40条の3）が、物納許可を超えた部分（いわゆる超過物納部分）については、非課税とされず譲渡所得として課税がされ、その課税時期は、納付があったものとされる日（登記等が完了した日（相法43条2項））とされています。

なお、譲渡所得の計算においては、相続税の申告期限から3年以内の物納の場合は相続税の取得費加算の特例（措法39条）の適用があり、その税率については、国への譲渡として優良宅地等のための譲渡所得の軽減税率（措法31条の2第2項1号、32条3項）の適用があります。

11 連帯納付責任

相続税の申告を共同でした場合に、納税義務者の１人にその相続税について滞納があると、その他の納税義務者が「相続又は遺贈により受けた利益の価額」を限度として納税義務を負うことになります。

事例63　納付税額がない配偶者が納付しなければならない場合

被相続人が令和X1年7月に死亡し、その後の経緯は次のとおりです。

・令和X2年5月　相続税をY、A、Bが共同で申告し、Yは配偶者の税額軽減の特例を適用して納付すべき税額はなく、Aは期限内に納税、Bは未納となっている

・令和X2年10月　税務署からY、Aに相続税が完納されていない旨等のお知らせが届く

・令和X2年12月　Y、Aに相続税の納付通知書、その2か月後に督促状が届く

この状況で、Y、Aは自分は納税しているので何かの間違いと思い、そのまま放置しています。

税務徴収官の指摘事項

共同相続人等の1人（B）に滞納があると、他の相続人等に相続税が完納されていない旨等のお知らせが発せられ、さらにBの納税がない場合は、Y、Aに納付通知書が送付され、Y、Aから納付がない場合には督促状が送付され、滞納整理が進められる。

解説

相続税法には連帯納付責任の規定があり、相続人や受遺者のうち1人でも滞納となると、その滞納税額を他の相続人や受遺者が「相続又は遺贈により受けた利益の価額」を限度として連帯納付責任を負うこととなります（相法34条1項）から、既に納税を済ませているAも配偶者の

税額軽減の特例を適用して納付税額がなかった配偶者Ｙも連帯納付責任を負うことになります。

本事例では、Ｙ、Ａに督促状が発せられたことでその時点から、Ｙ、Ａに対して滞納に係る手続が進んでいること（Ｙ、Ａは滞納者であること）を意味し、今後、Ｙ、Ａに対し、必要に応じて財産の差押えなどの滞納処分が進められます。

この処分を止めるためには、滞納者Ｂが納付するか、Ｙ、Ａが連帯納付義務者として滞納税額を納付しなければなりません。

ADVICE 実務のアドバイス

【相続税滞納（連帯納付責任）を発生させないために】

納税資金があり全員が期限内に納付している場合だけでなく、次の場合も連帯納付義務の追及はありません（相法34条1項ただし書及び同項1～3号）。

① 相続税の申告期限から5年以内に「納付通知書」が発されていない

② 延納許可を受けた相続税額に係る相続税

③ 農地などの相続税の納税猶予の特例（注）を受けた相続税額に係る相続税

税理士としては、「納税資金の確保」と、それができない場合の対策についても留意が必要です。相続財産の中に、土地や非上場株式の割合が多く、納税資金が確保できない場合など、他の相続人に連帯納付責任の負担をかけないためにも、上記②、③に係る手続のほか、必要に応じて物納手続も選択肢として想定しておくべきです。

期限内に現金納付ができない場合、納税方法は、取得した相続財産の構成に応じて柔軟に考えましょう。

（注）非上場株式に係る相続税の納税猶予の特例なども含みます。

編著者紹介

渡邉　定義（わたなべ　さだよし）

大分県出身。東京国税局採用。東京国税局国税訟務官室、国税不服審判所（本部）、国税庁資産税課、国税庁資産評価企画官室、麻布税務署副署長、東京国税局査察部、調査部、杉並税務署長、東京国税局資産課税課長などを歴任。熊本国税局長を最後に2016年に退官。2016年8月税理士登録。

主な著書に、『非上場株式の評価実務ハンドブック』（編著）（大蔵財務協会）、『図解・表解　小規模宅地等の特例　判定チェックポイント』（監修）（中央経済社）、『Q＆Aと事例でわかりやすく解説　名義財産をめぐる税務』（編著）（大蔵財務協会）、『相続税・贈与税のための土地評価の基礎実務』（編著）（税務研究会出版局）など。

著者紹介

黒坂　昭一（くろさか　しょういち）

山形県出身。仙台国税局採用。国税庁徴収部管理課補佐を経て、国税不服審判所副審判官、税務大学校研究部教授を歴任。仙台、関東信越及び東京国税局徴収部（特別整理部門統括官、納税管理官、主任訟務官）、杉並税務署副署長、大曲税務署長及び東村山税務署長歴任。2014年に退官し、同年税理士登録、その後、大学院客員教授、地方公共団体の徴収指導員、セミナー講師を務める。

主な著書に、『Q＆A　相続税　延納・物納の実務』（大蔵財務協会）、『図解　国税通則法』（大蔵財務協会）、『Q＆A　国税通則法詳解』（清文社）、『Q＆A　実務国税徴収法』（大蔵財務協会）、『もう悩まない！地方税滞納整理の実務』（ぎょうせい）、『Q＆A　国税に関する不服申立制度の実務』（大蔵財務協会）、『Q＆A　新しい国税不服申立手続ハンドブック』(大蔵財務協会)など。

村上　晴彦（むらかみ　はるひこ）
大阪府出身。大阪国税局採用。伊丹・尼崎税務署資産課税部門統括官、国税訟務官室総括主査、資産課税課補佐として主に相続税、譲渡所得に係る課税事務に従事。また、特別国税徴収官として大口の滞納整理事務に従事。西脇税務署長、大阪国税局徴収課長、同徴収部次長、堺税務署長を歴任。2015 年に退官し、同年に税理士開業。
共著書に『相続税・贈与税のための土地評価の基礎実務』（税務研究会出版局）。

堀内　眞之（ほりうち　まさゆき）
熊本県出身。大阪国税局採用。大阪国税不服審判所において審判部及び審理部国税審査官を 9 年、大阪国税局課税第一部国税訟務官室において訴訟担当及び異議担当国税実査官を 5 年、堺税務署、神戸税務署及び下京税務署の審理専門官（資産税担当）を 7 年など、長年にわたり国税不服審査、税務争訟、調査審理に携わる。大阪国税局課税第一部審理課国税実査官を最後に 2016 年に退官し、同年税理士開業。2017 年 4 月近畿大学法学部大学院非常勤講師（相続税法研究）。
共著書に『相続税・贈与税のための土地評価の基礎実務』（税務研究会出版局）。

サービス・インフォメーション

通話無料

①商品に関するご照会・お申込みのご依頼
TEL 0120(203)694／FAX 0120(302)640

②ご住所・ご名義等各種変更のご連絡
TEL 0120(203)696／FAX 0120(202)974

③請求・お支払いに関するご照会・ご要望
TEL 0120(203)695／FAX 0120(202)973

●フリーダイヤル（TEL）の受付時間は、土・日・祝日を除く9:00～17:30です。

●FAXは24時間受け付けておりますので、あわせてご利用ください。

税務調査官の視点からつかむ　相続税の実務と対策
～誤りを未然に防ぐ税務判断と申告のポイント～

2020年3月20日　初版発行

編著者　渡邉定義
著　者　黒坂昭一
　　　　村上晴彦
　　　　堀内眞之

発行者　田中英弥

発行所　第一法規株式会社
〒107-8560　東京都港区南青山2-11-17
ホームページ　https://www.daiichihoki.co.jp/

装　丁　篠　隆二

税務調査相続税　ISBN 978-4-474-06935-0 C2033（1）